Inhalt

Einführung in das Heft

Advent, dieses Wort hat einen besonderen Klang, wahrscheinlich klingt es für jeden anders.

Es klingt sinnenhaft, denn wir hören, riechen, schmecken, schauen. Es klingt nach Weg und Zukunft, denn wir warten, erwarten, hoffen und freuen uns. Es klingt aber auch nach Vergangenheit, nach Kindheit, nach Traum, nach einer ganz anderen Welt.

Von Brauchtum ist diese Zeit umwoben, sie hat bis heute – auch in einer technischen, funktionalen und leistungsorientierten Gesellschaft – ihren Flair nicht verloren. Im Gegenteil, das Brauchtum und seine Zeichen scheinen mächtiger, einprägsamer, alles bestimmend, als würde man nachholen und endlich einmal im Jahr entfalten, was sonst im nüchternen, hektischen Alltag fehlt.

In diesem Heft wollen wir einfachen, adventlichen Zeichen, Symbolen und Geschichten Raum geben, sie neu schauen, zur Sprache bringen, dass sie uns ansprechen, um mit ihnen angemessen umzugehen, sodass auch ihre Botschaft zu vernehmen ist.

Die adventlichen Zeichen stehen zwischen Vermarktung und Konsum, scheinen den eigenen Ursprüngen längst entfremdet und tragen dennoch für viele eine alte Erinnerung mit sich, die über alles hinaus auf eine Sehnsucht nach Heil, nach Frieden und Geborgenheit, nach Fülle und Erfüllung weist, von der wir meinen, dass sie immer im Menschen liegt. Gerade weil diese tiefe Sehnsucht, im christlichen Glauben gefasst und verkündet, jeden Menschen betrifft, können ihre Zeichen so vermarktet, in Anspruch genommen oder missbraucht werden.

Schlichtheit und Einfachheit zeichnen unseren ganzheitlichen religionspädagogischen Weg aus, der entstanden ist, um Kinder in eine ursprüngliche Gottesbeziehung zu führen, weil – um es spitz zu formulieren – Gott in eine Menschenbeziehung eingetreten ist. Die Menschwerdung Jesu – die Geburt des Gottessohnes – ist genau der Grund, dass die Dinge unserer Erde zum Zeichen werden, die uns verweisen auf das große Geheimnis der Nähe und Liebe Gottes zu uns Menschen.

Wir danken den Mitarbeiterinnen unseres Familiengottesdienstkreises Spabrücken-Wallhausen für die engagierte Mitarbeit. Wir danken allen Multiplikatoren der Jahrestreffen, die mit viel Interesse den Weg der RPP vertiefen und Neues erarbeiten. Wir freuen uns auch mit Dank über alle, die zu unseren Besinnungstagen kommen, um diesen ganzheitlichen religiösen Weg für sich selbst wahrzunehmen und in der Stille und im persönlichen Austausch die Tiefe der frohen Botschaft zu erspüren. Solche Tage fordern uns heraus, elementar der Frohen Botschaft des Glaubens nachzuhorchen.

Ein besonderer Dank gilt Frau Christel Holl, die mit ihrer großen Einfühlungsgabe in die adventlichen Texte die Bildermappe gestaltet hat (Bilder siehe unten und S. 4).

Wir wünschen allen, die dieses Heft lesen und danach arbeiten, Zeit zur Stille und Besinnung, um selbst hineinzuhorchen in die Botschaft der Verheißung des wahren Lebens.

Sr. Esther Kaufmann, P. Dr. Meinulf Blechschmidt

Ein Weg durch die Wüste   Die Stadt ist dunkel

Ein Licht geht auf über der dunklen Stadt

Aus der Wurzel kommt ein Spross hervor

Eine Rose blüht a

Stroh ist im Stall

Mitten in der Nacht ist ein Stern erwacht

Der Heiland ist gebo

Der Adventskranz

Hinführende Gedanken und Anschauung

Text: Sr. Esther Kaufmann

Es ist ein alter Brauch, einen Adventskranz zu binden und ihn zu schmücken. Was will er uns eigentlich erzählen? Verstehen wir seinen Sinn, wenn er im letzten Moment und im Vorbeieilen noch schnell gekauft wird? Ist er nur Kindererinnerung? Hat er eine Botschaft? Hilft er eine Zeit zu gestalten und uns auf einen Weg mitzunehmen?

In einer kalten Zeit, in der sich bei uns das Leben der Natur zurückgezogen hat und das satte, lebendige Grün dem Braun der bloßen, brachen, wartenden Erde weicht, die starren Äste sich hoch in den Himmel recken, die welken Blätter im braunen Gras liegen und raschelnd über den Weg geweht werden, holen wir grüne Zweige in unser Haus.

Sie erzählen von der Hoffnung und vom Leben, von einer neuen Zeit.

Sie weisen hin auf ein Fest des Lebens, das wir erwarten, auf Jesus, der geboren wird.

Die grünen Zweige, auch noch zum Kranz gebunden, werden zum Zeichen der Einheit und der Vollendung.

Die Braut trägt einen Kranz, der Sieger erhält einen Kranz, das Kommunionkind trägt einen Kranz. Einen Kranz aus grünen Zweigen legen wir auf das Grab.

Der Adventskranz ist Zeichen der Verbundenheit und Einheit, Zeichen eines Bundes, der zwischen Gott und dem Menschen geschlossen wird, zwischen Himmel und Erde.

Gott wird Mensch, Jesus wird geboren und kommt zu uns auf unsere Erde, er wird einer von uns, unser Freund und Bruder, unser Heiland und Erlöser, Gott ist mitten unter uns, damit wir zu ihm kommen.

Wird es uns gelingen, dieses alte, schlichte Zeichen in seiner Ursprünglichkeit wieder erfahrbar zu machen und dem dekorativen Konsum zu entreißen? Das wird auch von unserer Fähigkeit abhängen, ein sinnenhaftes Zeichen gerade in einer sinnenhaften Anschauung zur Sprache zu bringen. In sehr elementaren, einfachen Vollzügen wird der Reichtum der Botschaft aufgedeckt.

Inmitten einer Zeit, in der das Brauchtum wegen seiner gefühlsmäßigen Erfahrung oder Stimmung sinnentleert vermarktet und genutzt, der Mode entsprechend gestaltet wird, ist es eine besondere religionspädagogische Aufgabe, dem Kind und auch dem Erwachsenen neu Wesen und Sinn eines Zeichens zu erschließen, damit es ein adventliches Symbol bleiben oder wieder werden kann.

Immer wieder wurde in der „Religionspädagogischen Praxis" der Adventskranz angeschaut und mit anderen Gestaltungen verknüpft. Wir wollen in diesem Heft noch einmal ganz einfach und ursprünglich dieses bedeutsame Zeichen sprechen lassen.

Die Erde

▶ In der Mitte breiten wir vier braune Tücher aus und formen sie rund:
Das Ausbreiten der Tücher hat eine sammelnde Kraft. Die Leiterin bittet ein Kind mit anzufassen, das Tuch abzulegen. Das Kind kann dies weiterführen und mit einem anderen Kind ein Tuch ausbreiten.
Langsam entsteht eine braune Fläche, die wir rund formen können. Im Prozess des Tuns und Schauens können wir uns einfinden und ankommen, versammeln.

Wir schauen in die Mitte und sehen das Braun, eine braune Fläche, die uns an die Erde denken lässt. Etwas Erde wie im Garten oder groß und rund wie unsere Erde.
Wir verbinden uns langsam im Kreis.
Nacheinander schließen wir den Kreis, geben uns die Hand.
Wir werden rund wie die Erde. Wir leben auf derselben Erde.

Draußen im Garten, auf dem Feld ist die Erde jetzt braun.
Es wächst nichts mehr, die Blumen sind verwelkt, die Felder längst abgeerntet, das Gras wird braun. Die Erde liegt brach da. Sie ist still.
Wir werden still, wie die Erde still ist ...

Die Erde trägt uns, wir können über sie laufen und springen, wir können auf ihr stehen.
Wir stellen unsere Füße auf den Boden. Die Füße werden still wie die Erde.

Die Vergänglichkeit

▶ Die Leiterin stellt einen Korb mit welkem Laub in den Kreis der Kinder.

▶ Sie lässt ein paar welke Blätter auf die Erde fallen. Einige Kinder tun dies auch.

Wir schauen die fallenden Blätter. Wir ahmen sie mit der Hand nach, die taumelnden Blätter: Sie haben sich vom Baum gelöst, der Wind treibt sie ein wenig hoch, dann hinunter, und etwas umher, dann liegen sie da. Welkes Laub. Etwas von der Vergänglichkeit wird erfahren.

Blätter fallen

▶ Alle Kinder stehen auf, verwurzeln sich wie Bäume. Die Kinder spielen weiter:

Einmal stand da ein Baum, mit weiten Ästen, der Wind spielte mit den Blättern, weit konnte man das Rauschen hören. Dann kam der Herbst, es wurde kalt, die Blätter wurden gelb und rot und braun; und eines Tages war es so weit: Der Wind blies kräftig und die Blätter taumelten zu Boden ...
Jetzt stehen die Bäume starr, kahl, kein Blatt mehr. Sind die Bäume gestorben?

▶ Die Kinder setzen sich wieder.

Die braune Erde, das braune Land. Es wird still.

Ein Kind wie ein Baum

Der grüne Zweig

▶ Die Leiterin trägt langsam einen größeren Tannenzweig im Kreis und singt dabei den folgenden Ruf:

Text: Sr. Esther Kaufmann, 2004
Melodie: Franz Mitterreiter, 2004

Mit - ten in kal - ter Zeit tra - gen
wir den grü - nen Zweig in un - ser Haus.

Ein Zweig wird getragen

In einer kalten Zeit, in der alles welkt und starr wird, als wären die Bäume gestorben, tragen wir einen grünen Zweig in unsere Mitte.

Wir begegnen dem Zweig

▶ Die Leiterin streicht mit der Hand über den Zweig, von unten zur Spitze hin. Einige Kinder berühren den Zweig in derselben Art. Es ist wie ein Streicheln.

Wir können mit dem grünen Zweig reden, ihm etwas sagen.

▶ Die Leiterin unterstützt die Aussagen des Zweiges mit einer Holzblocktrommel.

Du kommst aus dem Wald.
Hast du schon die Eule gesehen?
In dem Baum haben die Vögel ihr Nest gebaut.

Du bist schon sehr alt.
Auf dir hat bestimmt schon einmal
Schnee gelegen.
Wer hat dich aus dem Wald geholt?

Jetzt liegt der Zweig in unserer Mitte.
Er kommt aus dem Wald, wir haben ihn
ins Haus getragen.
In dieser Zeit kann der Zweig uns auch
etwas erzählen.

▶ Die Leiterin kann dazu die Fingerzimbeln erklingen lassen. Dieser Ton ent-
spricht der Freude und dem, was wir erwarten.

Ein grüner Zweig erzählt

Der Zweig sagt: Ich schmücke euer Haus.
Ich bringe einen besonderen Duft ins Haus.
Ich darf bald die Kerzen tragen.
Ich warte mit dir auf das große Fest.
Bald wird Jesus geboren.
Ihr singt mir schöne Lieder.

Der Zweig verbindet uns

Wir bereiten den Adventskranz vor, in dem Zweig um Zweig zusammengebunden sind.
Auf eine besondere Weise wird nun ein kleiner Zweig im Kreis weitergegeben. Darin vollzieht sich Begegnung und zugleich die Kranzbindung. Im Umgang mit dem Zweig verbinden wir uns. Es ist die zarte Anrührung, in der jedes Kind im Kreis sich dem nächsten zuwendet. Im Vollzug der Berührung schließt sich der Kreis.

▶ Ein Korb mit vielen Zweigen wird in den Kreis gestellt. Die Kinder legen ihre Hände auf die Knie.

▶ Die Leiterin fordert das Kind neben sich auf, die Augen zu schließen und zu warten.

Es wird mit dem Tannenzweig am Handrücken zart berührt. Das Kind öffnet die Augen, empfängt den kleinen Zweig und berührt nun das nächste Kind auf diese Art.
Der Kreis schließt sich in der zarten Berührung mit dem Zweig.

Ein Kind rührt ein anderes mit einem Zweig an

Wir binden den Kranz

Wenn wir unsere Hände anschauen, sind sie wie ein Zweig, der sich ausstreckt und verzweigt.
Wie können wir uns miteinander verbinden und wie einen Kranz zusammenbinden?

▶ Verschiedene Formen werden von den Kindern ausprobiert (dabei aufstehen): Hände auf die Schulter legen – Arme überkreuzen und einander die Hände reichen – sich einhaken u.a.

▶ Wir legen mit den Zweigen einen Kranz auf die braunen Tücher, ein Zweig kommt zum anderen.

Ein Kranz in unserer Mitte. Es gibt viele andere Kränze.
Wir denken z.B. an einen Hochzeitskranz, an einen Siegeskranz, an den Brautkranz, an einen Kranz zur Erstkommunion, an den Kranz auf einem Grab, an den Kranz an einer Tür.
Der Brautkranz erzählt: Hier ist etwas kostbar und wichtig. Diese Braut ist das schönste Geschenk, die kostbarste Gabe. Wir wollen uns verbinden. Der Siegeskranz sagt: Deine Leistung ist vollendet. Auf dem Grab liegt der Kranz. Er sagt: Dein Leben ist rund geworden, vollendet. Ich danke dir ...

Wir schmücken den Kranz

In der Adventszeit binden wir einen Kranz aus grünen Zweigen. Diesen Adventskranz schmücken wir besonders. Er sagt: Es ist eine einzigartige Zeit, wir warten auf Jesus, wir freuen uns auf das Weihnachtsfest, Jesus ist geboren.

Wir stecken vier Kerzen auf den Kranz

▶ Nacheinander wird jeweils eine Kerze einem Kind gegeben und von ihm hingestellt.

Die erste Kerze wird entzündet. Sie sagt: Wir gehen in eine dunkle Zeit.
Wir warten auf Jesus. Er ist das Licht der Welt.
Er vertreibt unsere Angst und Dunkelheit.

▶ Wir singen den Ruf:

Text: Maria Ferschl, 1954
Melodie: Heinrich Rohr, 1954

GL 106
© unbekannt

Nach einer Woche zünden wir eine zweite Kerze an.
Auch sie bringt Licht in die Welt und erzählt uns von Jesus.
Öffne die Augen und schau den anderen mit Liebe an.
Dann wird es heller in der Welt.

❱ Wir wiederholen den Ruf.

Die dritte Kerze sagt:
Es gibt viel Dunkelheit in der Welt, viel Leid und Not.
Jesus wird kommen. Er führt uns aus dem Dunkel heraus. Er schenkt uns neues Leben.

❱ Wir wiederholen den Ruf.

Wenn die vierte Kerze brennt, ist das große Fest ganz nah.

Die vierte Kerze sagt:
Sieh die vielen Zweige! Sie sind zu einem Kranz zusammengebunden.
Wir warten auf Jesus. Er wird Himmel und Erde verbinden.
Gott will sich mit uns verbinden, er will einen neuen Bund mit uns schließen.

❱ Wir wiederholen den Ruf.

Wir legen vier Zapfen auf den Kranz

Verschlossenes darf sich öffnen

Die vier verschlossenen Zapfen werden auf den Kranz gelegt.
Wir halten unsere Hände wie einen Zapfen zusammen, übereinander dicht verschlossen.
Wenn die Zapfen in die Wärme kommen, öffnen sie sich.
Alle machen die Gestik, öffnen langsam die Finger, die Hände.
Die Zapfen verschenken ihre Samen. Sie streuen neues Leben aus.

Jesus will kommen und uns neues Leben schenken.

Wir legen vier rote Äpfel auf den Kranz

Wir erinnern uns, wie die Äpfel am Baum leuchteten und reiften, die Frucht des Baumes.
Sie erinnern uns auch an die Frucht des Baumes im Paradies, an den Gottesgarten.
Der Garten wurde verschlossen.
Jesus will kommen und uns das Paradies wieder öffnen.
Er kommt von Gott, Gottes Sohn. Gott kommt uns nahe, damit wir bei Gott sind.

Gestaltung und Ausdruck

▶ Jedes Kind erhält ein rundes Deckchen. Es kann darauf einen Kranz legen.Die Kränze der Kinder könnten noch miteinander verbunden werden.

Maranatha: Komm, Herr Jesus!

Material

vier braune Tücher, welkes Laub in einem Korb, ein größerer Tannenzweig, Holzblocktrommel, Fingerzimbeln, viele kleine Zweige in einem Korb, vier Adventskerzen, vier Zapfen, vier Äpfel, runde Deckchen und Gestaltungsmaterial

Familiengottesdienst: Adventskranz

Text: P. Meinulf Blechschmidt

Aus dem Baumstumpf erwächst Hoffnung

An vielen Orten steht der Adventskranz, ist Schmuck oder leeres Zeichen, liebevoll gestaltet oder effektvoll dekoriert als Blickfang in dieser Zeit. Ganz besonders und mit seiner eigenen Sprache gehört er in die Kirche und führt uns elementar in die Botschaft von Verheißung und Hoffen, von Wahrheit des Endes und Heraufdämmern des Kommenden.

Der abgebildete Adventskranz aus der Konventskirche in Bethanien (St. Niklausen; Schweiz) bringt den Adventskranz in die Beziehungen, die auch uns in diesem Gottesdienst wichtig sind.

Da ist ein abgehauener Stamm, aus jener Gegend genommen, nicht irgendwoher oder aus fernem Land, als ginge uns die Geschichte des Advents nichts an. Ein Stumpf aus einem schönen Stamm. Wir sehen gleichsam, wie gerade er gewachsen ist, kein uriges Stück, das in seiner verdrehten Form vielleicht neugierig machen könnte. Nein, es könnte ein abgesägtes Stück aus einem hoch aufragenden Stamm sein oder ein Wurzelstumpf, der zwischen dem Laub noch aufragt. Er erinnert uns daran, wie das Jahr und das Leben so gehen. Ein Baum war gewachsen, er steht nicht mehr. Die Zeit ging vorüber, seine Zeit war vorbei. Meine Zeit ist kein fester Besitz. Wachsen und Vergehen werden in unser Leben eingeschrieben, genauer, schreiben unser Leben. Der hochaufragende Stolz ist abgetan.

Der Wind hat das Laub herangefegt, einfach so, wirbelnd um den Stamm. Da liegt es nun auf der Erde und niemand beachtet es mehr. Im Lauf des Jahres waren die Blätter welk geworden, der Wind zerrte an den Blättern, riss sie ab, trennte sie vom Stamm, trieb sie vor sich her, nach oben, nach unten, im Kreis. Da liegen sie, übrig vom Jahr, die bunten Farben werden braun. Vergehen, Ende, nur noch stilles Rascheln, dann Stille. So erfährt sich Israel, wenn es Gott verlässt, von der Sünde umhergetrieben, vom Leben abgeschnitten. So gehen auch uns die Kräfte aus. Wie oft fühlen wir uns mehr umhergetrieben, als dass wir leben aus einer Mitte, aus einer Quelle, aus festem Halt? Wie viel Verlust erleben wir? Gab es Reifen und Blütezeit, Frucht und Ernte, auch Leere und Vergeblichkeit?

Über allem aber liegt der Adventskranz, liegen die grünen Zweige, zusammengebunden zum Kranz der Hoffnung und des Lebens. Die Treue Gottes ist es, die über alle Vergänglichkeit, über Enttäuschung, Versagen und Grenzen, über Sünde und Unrecht uns sein Wort der Verheißung sagt: Ich bin mit dir, Gott-mit-uns, Emmanuel. In ihm allein ist alle Fülle des Lebens, Gottes Leben. Zweig um Zweig zusammengebunden, so wird der Kranz zum Zeichen einer Gemeinschaft, die über allem, was wie Laub ist und vom Wind weggeweht und zerstreut wird, zueinander findet, weil Gottes Wort sie verbindet und Hoffnung schenkt über den Tag hinaus, weil Gott selbst sich in Christus, seinem Sohn, mit uns verbindet.

Adventliche Zeit ist eine bestimmte Zeit des Jahres, sie fängt an und hört auf, sie hat ihren Klang und ihre Art, ihre Dunkelheit und ihr Licht, sie rührt vieles in uns an zum Fragen und Hören, zum Glauben und Tun. Diese Zeit ist mehr als nur vier Wochen schnell zu Weihnachten hin. Sie ist mehr, sie ist die dauernde Wahrheit unseres Lebens. Stamm und welkes Laub und grünendes Leben sind immer gegenwärtig. Wir schauen darum in diesem Gottesdienst elementar und einfach durch diese Zeichen unser Leben an, um auf den Grund zu kommen, der trägt, oder umgekehrt gesagt, um aus Mutlosigkeit und Sterben Gottes Ruf zu folgen und uns zu Gott zu erheben, der allein die Hoffnung ist.

Vorbereitungen

▶ Im Altarraum steht der Adventskranz, deutlich sichtbar, doch so, dass der Altar noch der Mittelpunkt bleibt.
Der Kranz trägt weder Kerzen noch irgendeinen anderen Schmuck.

▶ In der Nähe steht ein Tisch mit einem braunen Tuch bedeckt.

▶ Ein Korb mit unterschiedlichem, buntem Laub steht bereit.

❱ Hinten in der Kirche liegt der Tannenzweig, wo das Kind sitzt, das ihn später nach vorne tragen wird.

❱ Im Mittelgang steht ein Tisch mit den vier Adventskerzen und Streichhölzern. Es ist gut, wenn der Tisch so weit entfernt vom Adventskranz steht, dass später eine gewisse Prozession mit der Kerze entstehen kann.

Eingangslied – Begrüßung

❱ Wir singen ein einstimmendes und hinführendes Adventslied.

Hinführung – Anschauung Laub

❱ Der Priester führt die Gemeinde zum Schauen in diese Zeit.

Was ist das für eine Zeit? Advent, sagen wir schnell. Und wenn wir das hören, Advent, dann sehen wir vielleicht vieles vor uns, das glitzert und leuchtet, wir riechen, wie die Zeit duftet, und hören Lieder, die wir sonst nicht hören.
Ich frage noch einmal: Was ist das jetzt für eine Zeit? Wie sieht sie aus?
Schauen wir doch einmal, wie sie aussieht. Dort, vor dem Altar sehen wir es.

Da ist die braune Erde. So wie der Tisch braun gedeckt ist, so ist jetzt draußen die Erde.
Die Felder sind abgeerntet, kahl und leer, der Boden ist umgepflügt.
Im Garten ist alles geerntet.
Die Erde liegt still da, als wollte sie ausruhen nach dem langen Jahr mit den vielen bunten Farben, mit Aussaat und Wachsen, Blühen, Reifen und Ernten. Manchmal sieht die Erde auch traurig aus, wenn der Nebel über das Land zieht, wenn die Sonne nicht mehr durch die Wolken und den Nebel dringt.

❱ Der Priester nimmt etwas Laub aus dem Korb in die Hand und lässt es auf die braune Erde fallen.

❱ Ein Kind kann vorkommen und das Gleiche tun. Das Laub kann auch auf die Erde, den Kirchenboden fallen.

So sieht die Zeit jetzt aus: Da stehen die hohen Bäume ...

❱ Die Kinder werden zur Gestik angeregt, mit den weit ausgestreckten Armen die Bäume zu spielen und entsprechend mit den Händen das Laub an den Zweigen.

Voller Blätter waren die Bäume, spendeten kühlen Schatten gegen die starke Sonne. Der Wind spielte mit den Blättern, rauschte durch den Wald.

Jetzt fallen sie herunter.

▶ Gestik mit der Hand: ein herabtanzendes Blatt.

Das Laub liegt auf der Erde, es verwelkt.
Der Wind treibt es vor sich her und spielt damit.

Kyrie

Was ist das für eine Zeit? Wie sieht sie aus? Jetzt sehen wir sie:
Das welke Laub, die kahlen Bäume, die stille Erde.
Alles wird still. Ist alles vorbei?
Diese Zeit macht uns nachdenklich - still sein und warten - einfach da sein
wie die Erde.
Wir denken an unser Leben: werden, wachsen, groß werden, reifen und Frucht
bringen und auch an das, was verwelkt, was zu Ende geht, was abfällt.

Wir rufen zu Gott.

▶ Ein der Gemeinde bekannter Kyrieruf wird angestimmt.

   1. Kind oder Jugendlicher:
Die braune Erde – brach liegt sie da und still.
Alle Kraft scheint wie weggegangen. Das bunte Leben ist vorbei.
Kann ich still sein?
Manchmal fällt es mir schwer, still zu sein, zu warten.
Im Advent beginnt eine neue Zeit, um zu warten.
Was soll neu werden?
Wir warten wieder auf Jesus.

▶ Wir wiederholen den Kyrieruf.

   2. Erwachsener:
Die braune Erde – brach liegt sie da, hart, wie verschlossen.
Manchmal wollen wir unsere Ruhe, der Tag war lang genug.
Können wir noch offen sein für Sorgen und Nöte unserer Mitmenschen?
Kann ich hoffen, dass neue Lebenskraft und neuer Mut uns geschenkt wer-
den, weil Jesus kommt?

▶ Wir wiederholen den Kyrieruf.

   3. Jugendlicher, Erwachsener:
Die braune Erde – brach liegt sie da, kalt und dunkel.
Ist noch Leben da?

Auch bei uns wird es manchmal dunkel.
Die Liebe wird kalt, wir machen finstere Gesichter,
wir kehren dem anderen den Rücken zu.
Können wir umkehren, weil wir auf Jesus warten, der uns alle liebt?

❱ Wir wiederholen den Kyrieruf.

Tagesgebet

Lesung

❱ Die Lesung ist genommen aus den Texten des ersten Adventssonntags im
   Lesejahr B: Jes 63,16b-17.19b; 64,3-7

Lesung nach dem Propheten Jesaja:

Gott, unser Vater, immer hast du uns gerettet,
und jetzt lässt du es zu, dass wir falsche Wege gehen.
Das hat uns lange nicht gekümmert, ja, so weit weg waren wir von dir.
Reiß doch den Himmel auf und komm herab, sodass die Berge zittern vor dir.
Seit Menschengedenken hat noch niemand etwas anderes gehört:
Du, Gott, bist der einzige, der denen Gutes tut, die auf dich hoffen.
Ja, du warst zornig; denn wir haben gegen dich gesündigt;
immer schon waren wir dir treulos.
Wir meinten, wir wären gerecht, und es war doch wie ein schmutziges Kleid.
Wir haben uns selbst belogen.
Wie Laub sind wir alle verwelkt, abgefallen vom Lebensbaum,
unsere Schuld trägt uns fort wie der Wind.
Wir haben dich vergessen und halten uns nicht mehr an dir fest,
so wie das welke Blatt, das vom Baum zu Boden fällt: dürr, trocken, dem Ende
preisgegeben.
Und doch, du bist unser Vater, du bist unser Töpfer,
nimm uns wieder in deine Hand, forme und führe uns.

Antwortgesang

Text und Melodie:
Hanni Neubauer

1) Be - rei - tet den Weg, be - rei - tet den Weg, be - rei - tet die

2) Öff - net die Tü - ren, öff - net die To - re, öff - net die

Her-zen, weil Gott kom-men will. Her-zen, weil Gott kom-men will.

Er ist das Licht auf un-se-rem Weg, er ist die Freu-de in Trau-rig - keit.

Er ist uns Brot in un-se-rer Not. Er wur-de Mensch für uns.

Vorbereitung der Hoffnung – Anschauung Tannenzweig

Priester:

Wir sehen die braune, kahle Erde, das welke Laub.

Was kann man damit schon anfangen?

Alles geht zu Ende, alles hört einmal auf, sagen traurig die Leute.

Doch da geschieht etwas Besonderes.

▶ Ein Kind trägt von hinten einen grö-ßeren Tannenzweig nach vorn. Es

Kind trägt Zweig

geht langsam, sodass deutlich wird: Es trägt etwas Besonderes, etwas Wertvolles für diese Zeit.

▶ Dazu wird nur von einer Stimme vorgesungen, mit Pause wiederholt, der Weg begleitet:

Text: Sr. Esther Kaufmann, 2004
Melodie: Franz Mitterreiter, 2004

Mit - ten in kal - ter Zeit tra - gen

wir den grü - nen Zweig in un - ser Haus.

Glockenspiel

Flöte

▶ Das Kind trägt den Tannenzweig bis auf den Tisch mit dem Laub.

Priester:
In dieser kalten, dürren Zeit schmücken wir unsere Häuser und Zimmer mit Tannenzweigen.
Der Tannenzweig kommt und kann uns ein wenig von sich erzählen. Was sagt uns der Zweig?

▶ Jemand klopft mit einer Holzblocktrommel, jeweils nach den vorgetragenen Gedanken der Kinder.

1. Kind:
Die Menschen holen mich aus dem Wald in ihre Häuser.
Ich allein trage noch grüne Nadeln.
Die Leute sagen: Der Zweig ist noch grün, es ist noch Leben darin.
Gott will allen Menschen neues Leben schenken.

▶ Klopfen mit der Holzblocktrommel

2. Kind:
Zusammen mit vielen anderen kleinen Zweigen werde ich zu einem Kranz gebunden.
Dann versammeln sich gern die Familien, Kinder und Eltern um uns.
Sie spüren: Es ist gut, wenn wir zusammenhalten wie ein Kranz.

▶ Klopfen mit der Holzblocktrommel

3. Kind:
In der Adventszeit werde ich mit Bändern und vier Kerzen geschmückt.
Die Menschen freuen sich an mir und entzünden Woche für Woche eine neue Kerze.
Es soll immer heller werden, bis Jesus kommt.

▶ Klopfen mit der Holzblocktrommel

4. Kind:
Viele Zweige werden zum Adventskranz gebunden.
Wir gehören alle zusammen.
So ist es, wenn Jesus uns den Frieden bringt.
Er wird kommen, um uns zu verbinden, dann werden wir alle eins.

▶ Klopfen mit der Holzblocktrommel

▶ Der Priester fasst das Gesagte in einem Punkt zusammen, indem er einlädt, das Gehörte in den Ausdruck zu bringen:

Ein großer, grüner Zweig, nur einer, einer allein?
Wir sehen den Kranz. Wie viele Zweige sind darin zusammengebunden?
Zweig um Zweig, nur so binden wir einen Kranz.
Verbinden wir uns jetzt Zweig um Zweig, Hand um Hand,
wir gehören zusammen wie die Zweige in einem Kranz.

❱ Alle werden aufgefordert, sich die Hand zu reichen.

Wir wollen doch alle den Advent feiern, wir gehen miteinander durch diese Zeit.
Wir nehmen uns an die Hand und sagen einander: Komm mit zu Jesus!
Auf ihn wollen wir warten.
Was wird er uns heute sagen?

❱ Alle lösen wieder die Hände.

Evangelium

❱ Wir hören die Frohe Botschaft nach Mk 13,34-37.

Aus dem Evangelium nach Markus:

Jesus sprach: Himmel und Erde werden vergehen,
aber meine Worte werden nicht vergehen.
Doch wann alles vergeht, wann das Ende kommt,
das weiß niemand, auch nicht die Engel im Himmel,
nicht einmal der Sohn, sondern nur der Vater.
Seht euch also vor, und bleibt wach!
Denn ihr wisst nicht, wann der Hausherr von seiner Reise zurückkommt,
ob am Abend oder um Mitternacht,
ob beim Morgengrauen oder erst, wenn die Sonne aufgegangen ist.
Nur eines ist wichtig:
Wenn er plötzlich kommt, dann sollt ihr ihn erwarten.

Entzünden der ersten Adventskerze und Deutung der anderen Kerzen

Der grüne Zweig gibt Hoffnung.
In dürrer Zeit, wenn alle jammern und traurig sind,
wenn vieles zu Ende geht, wenn wir nicht weiter wissen,
wenn der Abstand zu Gott so groß ist, wenn ich denke, Gott ist so weit weg,
dann sehe ich den grünen Zweig und höre, wie er spricht:
Ich bin ein grüner Zweig, ich erzähle dir vom Leben.

Es ist nicht alles aus, zu Ende und vorbei.
Gott hat euch nicht vergessen.
Und wenn jeder nur an sich denkt und jeder größer und stärker sein will als der andere,
wenn einer rücksichtslos wird und der andere nur an seinen Vorteil denkt,
wenn alle die Hände in die Taschen stecken, die Schultern hochziehen und keinen Finger mehr für den anderen rühren,
dann – schaue ich die vielen Zweige in dem schönen Adventskranz und höre, was sie sagen:
Wir verbinden uns, ohne Anfang und ohne Ende,
wir gehören zusammen, wir sind eins.
Gott hat euch nicht vergessen.
Er wird euch verbinden und Frieden bringen.

Doch es fehlt noch etwas auf dem Kranz! Die vier Kerzen.

Priester:
Kerzen entzünden wir, damit es hell wird und das Dunkel flieht. Jesus sagt: Wisst ihr, wann Gott kommt? Ist es vielleicht schon dunkel oder Mitternacht, stockdunkel? Wenn einer von einer Reise kommt, kann er sich verspäten. Könnt ihr warten?
Aber es kann auch anders sein, dass jemand nach Hause kommt, und niemand wartet, niemand ist wach, keiner schaut zum Fenster hinaus, keiner öffnet die Tür, keiner freut sich. Niemand weiß ja, wann der andere kommt. Und das ist schlecht, dann kann man für ihn gar nichts vorbereiten, nichts zu essen, nichts zu trinken.

Als ich Kind war, da wohnten wir in einem Haus, zu dem ein Weg führte zwischen zwei anderen Häusern hindurch, ein schmaler Weg mit knirschendem Kies, sicherlich fünfzig Meter lang. Nachts brannte dort keine Straßenlaterne, Bewegungsmelder gab es nicht. Da klopfte mir oft das Herz. Doch eines war schön: Meine Mutter hatte das Licht im Flur brennen lassen, das leuchtete durch die Glasscheibe. Ganz sicher war sie noch wach und wartete auf mich. Und wenn meine Eltern weg waren, dann machten wir Kinder es genauso. Wir ließen das Licht brennen, bis endlich der Schlüssel an der Tür zu hören war oder die Klingel ganz leicht dreimal läutete. Dann war die Dunkelheit weg.
So gehen wir durch den Advent, eine dunkle Zeit, vier Adventssonntage, vier Kerzen.

Ein Licht, das sagt: Ich warte auf dich! Ich bin noch wach.
Viermal wird es heller, viermal warten wir mehr und rufen „Komm, Herr Jesus, komm!", bis das Fest seiner Geburt gekommen ist.
Heute fangen wir an, nach ihm zu rufen und auf ihn zu warten, darum entzünden wir nur die erste Kerze. In jeder Woche brennt eine Kerze mehr.

❱ Vier Kinder tragen zur Deutung nacheinander vier Kerzen aus dem Mittelgang nach vorn. Die Kerzen werden auf den Adventskranz gesteckt. Nur die erste Kerze wird entzündet und brennend vorgetragen.

Priester oder Vorbeter:
Wir entzünden ein Licht. Wir warten.
Das Licht sagt uns: Gott vergisst euch nicht.
Wir rufen: Komm, Herr Jesus. Du bist das Licht.
Vertreibe die Angst, mach hell die Nacht!

❱ Wir singen die erste Strophe von „Wir sagen euch an den lieben Advent":

Text: Maria Ferschl, 1954
Melodie: Heinrich Rohr, 1954

Wir sa-gen euch an den lie-ben Ad - vent. Se - het
Wir sa-gen euch an eine hei - li - ge Zeit. Ma - chet

die ers - te Ker - ze brennt. Freut euch, ihr
dem Herrn die We - ge be - reit.

Chris-ten, freu-et euch sehr! Schon ist na-he der Herr.

GL 106
© unbekannt

▶ Die zweite Kerze wird vorgetragen, aber noch nicht entzündet. Zwischen den Gebetsabschnitten singen wir den Kehrvers „Freut euch, ihr Christen".

Wir tragen die zweite Kerze vor. Sie wird bald leuchten: Gott vergisst euch nicht.
Wir warten auf Jesus. Er wird uns das Leben bringen.
Wenn er da ist und dir leuchtet, kannst du neue Wege gehen.

▶ Die dritte Kerze wird vorgetragen, aber noch nicht entzündet.

Wir tragen die dritte Kerze. Wir warten auf Jesus.
Er wird uns zusammenbinden, damit wir Frieden haben
und eine gute Hand füreinander.

▶ Die vierte Kerze wird vorgetragen, aber auch noch nicht entzündet.

Wann können wir diese Kerze entzünden? Wir warten,
wir schauen aus nach Jesus und rufen: Komm, Herr Jesus!
Wenn Jesus kommt, Gottes Sohn auf unsere Erde,
dann verbindet er Himmel und Erde,
Gott mit uns. Wir werden Kinder Gottes.

Priester:
Wer ein Licht entzündet, der will nicht schlafen,
der weiß: Etwas Großes kommt.
Wer ein Licht entzündet, der will aufpassen,
dass er das Richtige tut zur richtigen Zeit.
Wer ein Licht entzündet, der will sich nicht verlieren
in tausend unnötige Dinge, in den Stress der Zeit.
Wer ein Licht entzündet im Advent, der wird still.
Er weiß: Jesus, du wirst kommen, das Licht der Welt.
Komm, Herr Jesus, lass es heller werden!

Fürbitten

Älteres Kind:
Jesus, du willst kommen.
So viele Dinge bestimmen unser Leben, so vieles wollen wir.
Öffne unser Herz für dich, dass wir dich erwarten
und dass wir uns freuen, wenn du kommst.

▶ Wir singen nach jeder Fürbitte den folgenden Ruf:

Text: Sr. Esther Kaufmann
Melodie: Franz Mitterreiter

Komm, Herr Jesus, lass es heller werden!

Erwachsener:
Jesus, du willst kommen.
Schon jetzt haben viele ihre Häuser glitzernd geschmückt.
Gib, dass wir uns durch den Glanz nicht ablenken lassen.
Lass uns im Advent auch Not und Leid anderer Menschen sehen und ihnen helfen.

Kind:
Jesus, du willst kommen.
Wir freuen uns auf Weihnachten und auf die Geschenke.
Lass uns nicht vergessen, dass du das schönste Geschenk bist.

Jugendlicher:
Jesus, du willst kommen.
An so vielen Orten der Welt herrschen Gewalt, Terror und Krieg.
Komm, verbinde die Menschen und bring uns deinen Frieden.

Erwachsener:
Jesus, du willst kommen.
Alte und kranke Menschen leben in unseren Familien, in unseren Straßen.
Lass uns gut und liebevoll zu ihnen sein.
Schenke ihnen Gesundheit.

Eltern:
Jesus, du willst kommen.
Unsere Kinder schauen auf uns, die Eltern.
Hilf uns, dass wir ihnen dein Licht erschließen,
dass wir unterscheiden können und ihnen zeigen, worauf es ankommt.
Du bist das Leben, du bist unsere Hoffnung.

Gabenbereitung – Sanctus

Friedensgruß

▶ Zum Friedensgruß verbinden wir uns Hand um Hand wie Zweig um Zweig,
   füreinander Zeichen der Hoffnung:

Ich bin bei dir. Und danke, dass du mit mir hier bist.

▶ Wir singen den Ruf:

Text und Melodie:
Franz Kett

1) Der Frie-de sei mit dir! Der Frie-de sei mit mir! Der Frie-de, der
Frie - de, mit al - len Men-schen hier. al - len Men-schen hier.

2) Die Liebe sei mit dir! ...

3) Die Freude sei mit dir! ...

Nach der Kommunion

▶ „Seht, die gute Zeit ist nah" (RPP 4/2002, S. 24) als Tanz. Die Kinder stehen im Kreis um den Altar und halten mit beiden Händen ihre Laterne.

Seht, die gute Zeit ist nah,	Laterne langsam erheben
Gott kommt auf die Erde.	Laterne absenken bis auf Hüfthöhe
Kommt und ist für alle da,	Laterne leicht vor sich erheben (= zeigen) und sich einmal drehen
kommt, dass Friede werde,	Laternen mit ausgestreckten Armen zur Mitte hin und zugleich hoch halten
kommt, dass Friede werde.	mit ausgestreckten Armen auf Brusthöhe absenken.

Seht, die gute Zeit ist nah

Material

Herbstlaub, vier Adventkerzen, braunes Tuch, Adventkranz, grüner Zweig, Laternen zum Laternentanz

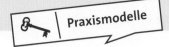
Bereitet dem Herrn den Weg

Ein Elternabend im Advent oder
ein Besinnungsabend in der Gemeinde

Text: P. Meinulf Blechschmidt

Jedes Jahr ruft uns der Prophet Jesaja zu: „Eine Stimme ruft in der Wüste: Bereitet dem Herrn den Weg! Ebnet ihm die Straßen! Jede Schlucht soll aufgefüllt werden, jeder Berg und Hügel sich senken. Was krumm ist, soll gerade werden, was uneben ist, soll zum ebenen Weg werden. Und alle Menschen werden das Heil sehen, das von Gott kommt." (Jes 40,3-5)

Jedes Jahr ist der Advent eine Zeit, in der viele Christen es innerlich spüren, oft nur sehr vage, aber dennoch, dass es Zeit ist, neue Wege zu gehen, Wege zum anderen hin, Wege zum eigenen Herzen, Wege zu dem, worauf es ankommt. Viele Hilfsorganisationen wissen das und nutzen diese Zeit, um die Menschen gerade jetzt anzusprechen, neue Wege zu gehen, die Umkehr und Verzicht, aber Hoffnung für andere bedeuten können.

Jedes Jahr also neu ein Auftrag des Advents zu einem neuen Hoffen und Warten. Das alles hat oft feste Gestalten und Abläufe, Riten und Gewohnheiten, Erinnerungen und Erwartungen.

Wir bereiten den Raum, unsere Wohnung, wir öffnen Türchen am Adventskalender, wir bereiten Geschenke für das Fest, wir gehen Wege durch das Dorf, Tag um Tag zu verschiedenen Häusern und schauen das geöffnete Adventsfenster, wir versuchen in den Familien wenigstens mit den kleineren Kindern mehr Zeit für die Vorbereitung auf Weihnachten zu haben, die Kranken oder Einsamen kommen uns mehr in den Sinn als sonst.

Sich bereiten und Wege gehen – kann das auch im Inneren geschehen? Werden die Worte des Propheten zu Bildworten für innere Wege? Eine Schlucht auffüllen, einen Abgrund überwinden – ist das wie einen langen Streit überwinden? Werden wir einen Weg zum anderen finden? Einen Berg abtragen – was steht aufgeschüttet zwischen zwei Menschen? Missverständnisse, Verletzungen, Vorwürfe, unverrückbar wie die ewigen Berge? Wo ist der Weg darüber weg oder drum herum? Abwege und Umwege verlassen, gerade gehen, Gott nicht aus dem Weg gehen, ihn neu suchen und es mit ihm wagen, ja, Freude finden auf einem Weg mit Gott.

Für uns war dieses Prophetenwort der Anfang, um einen Familiengottesdienst vorzubereiten. Im ersten Schritt waren die Teilnehmer des Familiengottesdienstkreises selbst die Adressaten der Botschaft. Wir setzten uns damit – ganzheitlich – auseinander, danach wurde überlegt, wie diese Botschaft für einen Familiengottesdienst bereitet, gestaltet und gefeiert werden könnte.

Der Weg zur Mitte

▶ Alle sitzen miteinander im Stuhlkreis. In die Mitte des Kreises wird ein Reifen gelegt.

Ein Reifen, die Mitte. Unser Blick sieht die Mitte. Sind wir schon dort?
Wir kommen gerade von zu Hause. Jetzt mit einem Schritt, mit einem kleinen Sprung in die Mitte?
Wir gehen den Weg anders. Ich gehe ihn so.

... so bunt wie unser Leben

▶ Die Leiterin zeigt mit der Hand eine Spirale weit durch den Kreis und einmal, zweimal herum zur Mitte.

Ein Weg wie eine Spirale, die wir alle mit der Hand zeichnen können. Was nehme ich alles mit auf diesen Weg? Den ganzen Tag kann ich einsammeln. Wir schauen den Weg, wenn ihn jetzt eine Person in der Art einer Spirale vorgeht.

▶ Wir legen diesen vorgegangenen Weg mit bunten Tüchern. Einer nach dem anderen legt ein Tuch.

Da liegt nun der Weg. Er entstand langsam. Er ist bunt, zusammengesetzt, immer wieder anders, neu, viele kurze Abschnitte, hell und dunkel. Wo möchte ich bleiben?

▶ Wir reflektieren miteinander ... Eine Person geht auf den bunten Tüchern diesen Weg.

Wo geht sie? Ich schaue zu. Wo gehe ich?
Wir gehen jeden Tag viele Wege. Wohin? Was bewegt mich? Wo verweile ich? Wo eile ich vorbei?
Wie bunt ist unser Weg durch das Leben?

Wie bunt sind die Wege in dieser Zeit? Manche sagen: Es geht alles hektisch zu.

Wir gehen mit den Füßen hier diesen kurzen Weg, jeden Tag aber die langen Wege. Wir schauen und träumen, erinnern uns. Wir gehen auch innen Wege. Lassen wir uns Zeit, um innen Wege zu gehen? Sehnsüchte, Wünsche, Träume, Ängste, Gespräche, Fragen, Suchen oder Flucht ...
Ein Leben lang gehen wir Wege. Haben wir ein Ziel für unseren Lebensweg? Und manchmal sagen wir: Ich müsste mal wieder ... Was hindert uns, einen erkannten Weg innen und außen zu gehen?

❿ Wir halten eine kurze stille Zeit zum persönlichen Nachdenken.

Hindernisse auf dem Weg

❿ Steine, Zapfen, dunkle Dinge, Ringe, goldene Kugeln, Chiffontücher, Seile u.a. werden bereitgestellt.

Was hindert mich, einen Weg zur Mitte zu gehen?
Was verstellt mir den Weg in die Stille, einen Weg zu Gott, einen Weg zu einem anderen Menschen?

❿ Auf den Weg werden von den Teilnehmern Zeichen gelegt und dazu Hindernisse angesprochen.

Hindernisse auf dem Weg

Die Botschaft aus der Mitte hören

❿ In die Mitte des Reifens wird ein helles, gelbes Tuch gelegt.

Ein Weg mit Hindernissen, so wie wir ihn täglich gehen und in dieser Zeit des Advents für uns wahrnehmen. Da ist die adventliche Erfahrung: Wir müssten ihn entschiedener gehen, die Hindernisse überwinden, denn in der Mitte leuchtet doch ein Ziel, das hell ist und uns irgendwie lockt.

Evangelium vom zweiten Adventsonntag (Lk 3,1-6)

▶ Aus der Bibel wird vorgelesen:

Es war im fünfzehnten Jahr der Regierung des Kaisers Tiberius; Pontius Pilatus war Statthalter von Judäa, Herodes, Tetrarch (Herrscher) von Galiläa, sein Bruder Philippus Tetrarch von Ituräa und Trachonitis, Lysanias Tetrarch von Abilene; Hohepriester waren Hannas und Kajaphas.
Da erging in der Wüste das Wort Gottes an Johannes, den Sohn des Zacharias.
Und er zog in die Gegend am Jordan und verkündigte dort überall Umkehr und Taufe zur Vergebung der Sünden.
So erfüllte sich, was im Buch der Reden des Propheten Jesaja steht:
Eine Stimme ruft in der Wüste: Bereitet dem Herrn den Weg! Ebnet ihm die Straßen!
Jede Schlucht soll aufgefüllt werden, jeder Berg und Hügel sich senken.
Was krumm ist, soll gerade werden, was uneben ist, soll zum ebenen Weg werden.
Und alle Menschen werden das Heil sehen, das von Gott kommt.

Was hören wir?

▶ Der Textabschnitt wird ausgeteilt. Wir teilen uns mit, wiederholen Sätze, stellen Fragen, suchen nach der Bedeutung für unser Leben.

Deutung für unser Leben in Zeichen

Wir hören das Evangelium heute, in dieser Zeit.
Es ist im Jahr der Bundesregierung von Schwarz-Gelb, Bundeskanzlerin ist Angela Merkel, der Bundespräsident ist Christian Wulff, Papst von Rom ist Benedikt XVI. Es ist im Jahr der Katastrophen von Hochwasser, Feuer und Erdbeben, die Hoheit über das Geld hat der Notenbankchef ...
Heute – verkündet mir der Prophet: „Bereite dem Herrn den Weg!" Gott will kommen, heute.
Wie soll das geschehen?

▶ Ein Gong wird in die Mitte gestellt.

Wir lauschen seinem Ton nach, bis er verklungen ist ...
Wir hören in die Stille ...

▶ Eine Zeit lang die Stille aushalten, der Stille nach innen nachhorchen, dann den Gong nochmals anschlagen.

▶ Zeichen werden (auf einem Tablett) bereitgestellt: Kerze, Scheibe Brot, kleine Bibel, Glocke, leere Schale. Sie werden im Folgenden jeweils einer Person gebracht, die sie auf den Weg stellt. Danach wird der Gedanke dazu gesagt.

„Bereitet dem Herrn den Weg!" Wie soll das geschehen?
Einige wenige Zeichen können uns einen Blick öffnen und auf einen Weg mitnehmen.

▶ Die Leiterin führt mit sparsamen Worten in die Zeichen und lässt sie so stehen.

▶ Eine Kerze wird entzündet, jemandem gebracht und auf den Weg gestellt.

Wir bereiten den Weg und bringen einem, der im Dunkeln ist, ein Licht.
Ein Leuchten, das gehen lässt und Wege zeigt.
Licht wie ein guter Blick, ein gutes Wort, eine helfende Hand.

Mir geht ein Licht auf

Text und Melodie:
Klaus Gräske

Be - rei - tet dem Herrn den Weg! Macht e - ben sei - ne
Pfa - de! Be - rei - tet dem Herrn den Weg!
Macht den Weg ihm frei!
Räumt die Stei - ne weg macht den Weg ihm frei!
Räumt die Dor - nen weg - macht den Weg ihm frei!

Brot nährt die Hoffnung   Wort des Lebens

▶ Eine Scheibe Brot in einem schönen Tuch wird jemandem gebracht.

Wir bereiten den Weg und denken an die Hungernden.
Wir beginnen zu teilen, und ein Weg öffnet sich zum Leben.
In der Familie können wir sorgfältig mit dem Brot umgehen und mit allem,
was wir haben.

▶ Die Bibel wird ebenso hingetragen.

Wir bereiten den Weg und fragen nach Gottes Wort.
Wenn wir sein Wort hören und es im Herzen bewahren, zeigt es uns Wege zu
ihm, zum anderen, in unsere Verantwortung füreinander, damit wir leben.

Öffne dein Ohr!   Offen zum Nehmen – offen zum Geben

◗ Eine Glocke läuten lassen.

◗ Dann wird sie jemandem gebracht. Sie soll nochmals läuten und verklingen.

Wir bereiten den Weg und suchen die Stille. Dann können wir hören.
In der Stille öffnet sich das Herz, um aufeinander zu hören, aus der Mitte zu reden, Zeit füreinander zu haben und auch ein Lied zu singen.

◗ Eine leere Schale wird jemandem gebracht und auf den Weg gestellt.

Wir bereiten den Weg und wollen offen sein, warten können, empfangen und geben.
Die Plätzchenteller sollen nicht jeden Tag voll sein. Die Fülle wird uns erschlagen, wir sind satt, übersatt. Können wir noch warten auf Jesus?

Freies Gebet

Bereitet den Weg

Material

Reifen, gelbe Decke für den Reifen, bunte Tücher, Material für Hindernisse auf dem Weg (Dornen, Seile, Ringe, Steine, Klötze, goldene Kugeln u.a.), Zeichen: Kerze, Brot, Bibel, Glocke, leere Schale, große Kerze

Text: Burgi Mitterreiter
Melodie: Franz Mitterreiter

1) Be - rei-tet den Weg, der Herr will kom-men. Macht ihm die Stra - ßen e - ben. Be - rei-tet den Weg, der Herr will kom-men und mit ihm kommt das Le - ben. Und al - le Men-schen wer - den se-hen, das Heil, das Gott uns schen-ket, und stau-nen ü - ber sei - ne Gü - te, die wun-der-bar das Le-ben lenkt.

2) Be - rei-tet den Weg, der Herr will kom-men. Auf - ge - füllt wer-den soll je - de Schlucht. Be - rei-tet den Weg, der Herr will kom-men zu je - dem, der ihn sucht.

3) Be - rei-tet den Weg, der Herr will kom-men. Die Ber - ge sol-len sich sen-ken. Be - rei-tet den Weg, der Herr will kom-men, denn al - len will er sich schen-ken.

4) Be - rei-tet den Weg, der Herr will kom-men. Was krumm ist, wer-de ge - ra - de. Be - rei-tet den Weg, der Herr will kom-men, zu brin-gen Got - tes Gna - de.

Schluss

Anschauung: Wurzel

Eine adventliche Besinnung

Text: Sr. Esther Kaufmann

Wurzeln sind nicht sichtbar. Sie wachsen unter der Erde und sind doch der Grund und Halt des Lebens, das sich weit darüber erhebt. Grashalm, Blume, Baum und Strauch könnten nicht wachsen, hätten sie nicht ihre Wurzeln.
Wurzeln erzählen vom Bleiben, von der Standhaftigkeit, von Stehvermögen und Halt. Sie erzählen von Vergangenheit und Tiefe, die ungesehen und oft unbefragt zulässt, was wir oben, vielleicht oberflächlich, sehen und erfahren.
Wurzeln kann man nicht einfach herausreißen und anderswo einpflanzen. Manche sind sehr zart und fein, äußerst empfindlich, andere sind stark und tief, weit verzweigt, feingliedrig ausgewachsen in den Boden.
So sind sie Halt und Stand, Festigkeit und Grund, tragen, was oben wächst und steht, im Sturm sich bewährt.
Im Wurzelgrund beginnt gleichsam das Leben.

Das ungeborene Kind wurzelt sich ein im Schoß der Mutter, empfängt dort Nahrung für sein Leben. Oft gestalten wir unbewusst aus diesem verborgenen, reichen oder entbehrten Wurzelgrund unser Leben. Ein Leben lang sind wir auf der Suche nach einem Ort, nach einem Menschen, nach Beziehung, wo wir bleiben, Wurzeln schlagen können.
Dies kann sich dann umkehren: Wir werden wieder Wurzelgrund für andere, geben Leben weiter, gewähren Halt und Sicherheit, tragen.
Nun hören wir im Advent von einem Baum, der abgehauen ist, nur der Wurzelstumpf ist noch übrig, steht verlassen im Land. Aller Stolz und alle aufragende Pracht Israels sind dahin, verwüstet, dem Boden gleich gemacht. Gott aber in seiner Treue erweckt aus diesem Wurzelstumpf neues Leben. Gegen den Kleinmut des Volkes in der Verbannung kündet der Prophet Jesaja Verheißung.
In einer Zeit, in der wir so mobil sind, umziehen, verreisen, schnelle, flüchtige Kontakte knüpfen, Beziehungen brechen, Flüchtlinge unterwegs sind, ganze Völker wandern, kann uns das Bild der Wurzel und die adventliche Botschaft des Neuanfangs Gottes mit uns Halt und Hoffnung geben, Mut machen, unser Leben in ihm zu verwurzeln. Wo sind wir verwurzelt?

Wurzelgestecke mit frischen Trieben, Zweigen oder Rosen und Licht haben einen tiefen Sinn, wenn wir uns dessen wieder bewusst werden, dass unser Leben in Gott wurzelt. Von ihm kommt die Kraft des Aufbruchs.

Die folgende Einheit als Besinnung richtet sich besonders an Eltern oder Menschen in der Gemeinde, die selbst Wurzelgrund für andere sein sollen und darum ihre eigenen Wurzeln und den Wurzelgrund bedenken.

Die Erde und die Versammlung

❱ Vier braune Tücher werden in der Mitte ausgebreitet; dann wird die Fläche eingerundet.

Wir schauen die braune Fläche in unserer Mitte,
sie führt uns zur Erde, wie sie jetzt draußen ist.

❱ Evtl. zuerst in der Gestik die Erde wahrnehmen: Sie ist weit (Arm ausstrecken über das Land), sie ist starr und hart (gespreizte, harte Hände).

Die Erde ist umgepflügt, manchmal schollig und hart, anderswo wird das Gras braun, braunes Laub bedeckt die Erde.
Die braune Fläche in unserer Mitte führt uns zur Erde, wie sie still daliegt.
Die Erde trägt uns.
Wir sind verbunden mit der Erde, stellen unsere Füße fest und sicher auf den Boden.
Die Erde gibt uns Halt.

❱ Wir verinnern diese Vorstellung:

Wir schauen über die Erde, von oben, auf sie herab.
Doch was ist in der Erde? Unter der Erde?
Wenn die Erde so still daliegt, fragen wir: Was ist in der Erde?
Wenn ich unter die Oberfläche gehe, in die Erde hinunterschaue, was kann ich dann entdecken?
Wie sieht es in unserer Erde aus? – Dazu schließen wir die Augen.
Wir gehen in die Erde, gehen nach unten.
Kenne ich etwas, was da liegt oder schläft? (Tiere, Wurzeln, Samen, Knollen, usw.) ...
Vielleicht ist es dunkel, dann muss ich noch etwas weiter und tiefer gehen ...

❱ Augen wieder öffnen.

Die Wurzel

▶ Die Wurzel wird auf das braune Tuch, auf die Erde, getragen.

Die Wurzel können wir einmal anfassen …
Da steht eine Wurzel in unserem Kreis.
Kann uns die Wurzel etwas von sich erzählen?
Ich habe einmal einen Baum getragen.
Ich sauge Wasser aus dem Boden und gebe es weiter.
Ich gebe Nahrung dem Baum.
Ich trage den Stamm auch im Sturm.
Ich gebe Halt.
Ich halte mich in der Erde fest.
Du siehst mich nicht, denn ich bin tief im Boden.

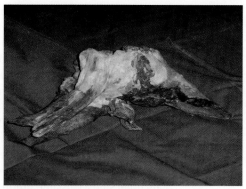

Die Wurzel ist nicht ohne Grund

Gedanken zur Besinnung:
Unser Leben – Freiheit der Bewegung

Wir sind über die Straßen gelaufen, gehen von einem Haus ins andere,
wir laufen über die Erde, planen die Wege, legen Strecken zurück,
wir halten an, verweilen und gehen weiter –
das nennen wir „unsere Freiheit".
Wir sind beweglich, können gehen und stehen, wohin und wie wir wollen.
Welch stolzes, beredens-wertes Ereignis ist es, wenn ein Kind stehen
und dann gehen kann!
Ihm erschließt sich die Welt in neuen Dimensionen.
Und wenn das Kind auch selbst noch nicht viel sagt, so doch die Eltern und
Großeltern.
Sie wissen, was es bedeutet, wenn ein Kind laufen kann, stolz und gefährlich.
Jetzt muss man das Kind noch mehr beobachten, hinschauen, hinterher sein
und mit ihm die Welt entdecken.
Am Schluss sind wir nur vom Zuschauen und Aufpassen schon erschöpft.
So geht es uns: Irgendwann sind wir genug gelaufen und ruhen dankbar und
froh aus.

Es ist auch gut, nach unseren eigenen Wegen immer wieder zurückzukommen.
Schaue ich in die weite Welt, dann sehe ich allerdings ungezählte Menschen,
die unterwegs sind, die laufen, rennen – aber um ihr Leben,
Menschen auf der Flucht, nicht in Freiheit.
Werden sie jemals wieder zurückkommen?
Was sie suchen ist Land, Grund und Boden unter den Füßen, wo sie bleiben
können, wieder Wurzeln schlagen, wachsen und leben.
Gehen, sich bewegen, das ist also nicht immer Freiheit,
Bleiben ist manchmal die größere Freiheit.
Da sind äußere Bedrängnis und inneres Drängen,
Versuchung und Irreführung, allem nachzulaufen,
auch Flucht vor sich selbst. Wohin?
Manchmal sind Menschen nur unterwegs: Weg! –
Ist das der Lebens-weg?

Unser Leben – Halt der Wurzel

Schauen wir zurück. Der Anfang unseres Lebens war anders:
Einnistung sagen wir, Verwurzelung im Gewebe der Mutter,
leben aus einem anderen Grund, aus dem „Nährboden" der Mutter,
ohne den letztlich unser Leben nicht sein konnte.
Seitdem ein Mensch diesen ersten Raum des Lebens verließ,
drängt es ihn, Boden zu finden, Geborgenheit und Lebensgrund.
Im verlässlichen Kontakt mit der Mutter baut ein Mensch sein Leben auf,
und dann in Beziehungen zum Raum, zur Landschaft, zum Boden,
zur Jahreszeit, zum Kommen und Vergehen,
zu den Menschen, die in seinen Gesichtskreis treten,
die „das Leben" ihm bringen und zeigen – so reift er heran.
All das ist Wurzelgrund.

Fragen zur Besinnung

▸ Die Fragen können auf einem Blatt notiert sein und ausgeteilt werden.

Was sind meine Wurzeln?
Wo – in wem habe ich mich verwurzelt?

Was gab mir in meinem Leben Halt?
Bin ich noch verwurzelt oder bodenlos?
Was habe ich in den Jahren aufgenommen, das mir zum Hochwachsen half – ohne es immer zu wissen und zu danken?
Gab es Trockenheiten oder Schädlinge?
Welche Wurzeln haben mich gehalten?
Welcher Boden war der Wurzelgrund?
Oder gab es nur eine fremde, äußerliche Stange neben mir, ich an sie angebunden, mir fremd?
Wem wurde ich zum Wurzelgrund?

Ein Mensch wie ein Baum

Entwurzelt (im Plenum)

In der Mitte steht die Wurzel. Die Wurzel und den Wurzelgrund haben wir bedacht. Die Wurzel in unserer Mitte ist eine besondere.
Vielleicht sagen wir: Oh schön! Richtig adventlich!
Aber sie ist aus dem Boden gerissen, eine „entwurzelte Wurzel",
völlig abgestorben.
Was wird sie von ihrem Leben erzählen?
Wo stand sie? Wo hatte sie sich in die Erde verwachsen,
wie tief ihre feinen Adern in den Sand oder schweren Boden ausgestreckt?
Welchen Stamm trug sie? Wie weit war die Krone?
Hatte sie Stürme überdauert?
Ich schaue noch weiter zurück. Irgendwann fing es mit dieser Wurzel an.
Wer legte wann den Samen in die Erde?
Vielleicht war er wie zufällig herangeweht?
Jetzt schweigt sie und zeigt uns nur:
Ich bin aus dem Boden herausgerissen.
Ich war lange gewachsen, in die Tiefe, unter die Erde, niemand sah mich sonst.
Jetzt bin ich herausgerissen. Ich bin am Ende.
Ich bin trocken geworden, jetzt vertrocknet.
Aus mir wächst nichts mehr hervor ...

Eutonie

▶ Im Blick auf diese Wurzel vor uns spüren wir unserer Wurzel nach und stehen auf.

Wir stehen auf der Erde – und wissen, wie Bäume und Pflanzen in ihr verwurzelt sind.
So können jetzt auch meine Füße werden.
Ich nehme Kontakt zum Boden auf, ich denke an die Füße unten, die mich tragen, die der Erde nahe sind.
Mit den Fußsohlen kann ich den Boden unter den Füßen spüren.
Vielleicht können auch meine Zehen etwas von dem Boden spüren ...
Immer tiefer spüren sich die Wurzeln vor, werden kleiner und feiner ...
Sie geben Halt, sie nehmen das Wasser auf,
sie tragen den Stamm.
Der Stamm wächst aus der tiefen Wurzel empor ...
nach oben,

▶ ... rückwärtig an den Beinen aufwärts gehen, Kreuzbein, Lendenwirbel, die Wirbelsäule empor, ich hebe von der Schulter her die Arme empor, gehe durch den Oberarm zum Ellenbogen, Unterarm, Handgelenk bis in die Fingerspitzen hinein – nach oben ...

in die Höhe, in die Weite, dem Licht entgegen – der Stamm steht, von der Wurzel unten – getragen, nach oben aufgerichtet ...

▶ Alle setzen sich wieder.

Verkündigung der Bibelstelle (nach Jes 11,1-2)

Vom Volk Israel will ich erzählen. Vor langer Zeit hatte Gott zu ihm gesagt:
„Du bist mein Volk, ich bin dein Gott. Du gehörst mir."
Aber sein Volk hat nicht immer auf Gott gehört.
Dunkelheit kam über das Land, als wollten sie von Gott nichts mehr wissen oder als hätte Gott sich verborgen.
Fremde Völker fielen in das Land ein, eroberten es, zerstörten die Städte, dass kein Stein auf dem anderen blieb, verwüsteten die Gärten, schlugen die schönen Obstbäume ab und führten die Menschen weg in die Gefangenschaft.
Da sagten die Leute: Nichts ist mehr übrig geblieben von dem, was einmal schön und stolz war.
Wie ein Baum war Israel groß, stolz und mächtig, jetzt ist nur noch ein kleiner Stumpf übrig geblieben, eine alte Wurzel.

Was soll daraus noch werden? Vergessen, zu Ende, aus!
Da ruft ein Prophet, ein Gottesmann, der die Worte Gottes hört und im Herzen trägt:
„Volk Israel, fürchte dich nicht! Gott hat dich nicht vergessen. Er denkt an das, was er einmal zu dir gesagt hat.
Aus der alten Wurzel kommt ein neuer Trieb hervor, ein Zweig wird grün aufblühen.

▶ Ein Tannenzweig oder eine Rose wird in ein entsprechend vorbereitetes Loch in der Wurzel gesteckt.

Herrlich groß wird er werden, wunderbar.
Alle werden sich über ihn freuen.
Ja, ich vergesse dich nicht und fange neu mit dir an. Ich bin treu."

▶ Wir verinnern:

Gott kann neu beginnen, Gott hat mich nicht vergessen.
Gott schenkt neues Leben. Er selbst wird kommen.

Gestaltung

▶ Alle gestalten auf die braune Erde etwas, das aufwächst, das neu beginnt: Ein Spross, ein kleiner Trieb, ein Zweig beginnt zu wachsen.

Gebet und Lied

▶ Es ist ein Ros entsprungen GL 132 oder

Das Leben entsprießt aus der Wurzel

▶ Gott wird neu beginnen s. S. 60

Material

vier braune Tücher, Wurzel, darin ist ein Loch bereitet, in das später der Zweig gesteckt werden kann, Tannenzweig oder Rose, Gestaltungsmaterial für die Wurzel

Anschauung: Stroh

Hinführende Gedanken und Anschauung

Text: Sr. Esther Kaufmann

Gebannt schaue ich dem riesigen Mähdrescher zu, dem Ungetüm, wenn er die Halme in sich hineinfrisst, irgendwo im Verborgenen die Körner von den Halmen und Hülsen trennt, schon die Fülle der Frucht in den Anhänger fließt, der Reichtum weggefahren wird und dann – das gedroschene Stroh allein auf dem Felde übrig bleibt. Bald wird es wie zum Trost zu herrlichen großen Ballen gerollt und erinnert doch nur von fern: Es war einmal ein goldenes Feld ...
Wie viele Kinder können das noch erfahren?
Ähren, Strohhalme, Körner, gedroschenes Stroh in der Erntezeit anschauen, dann noch eine Mühle besuchen, das Mehl heimtragen und Brot backen, das alles wäre für unsere Kinder ein ganz besonderes Erlebnis. Solche natürlichen Prozesse, Lebensabläufe sind für Kinder und uns selten geworden.
In der Adventszeit hingegen hat das Stroh immer noch seine Bedeutung. Es gibt trotz Glitzersternen auch noch Strohsterne, gebügelte Strohhalme und Bastelanleitungen, Messer und Halterungen, alles handlich und leicht zu machen.
Und in die Krippe gehört nun einmal Stroh. Die Tiere und das Jesuskind sollen es doch warm haben.

Wenn wir nun in dieser adventlichen Einheit ganz einfach ein Bündel Stroh betrachten, so ersetzt es nicht die konkreten Erfahrungen und Beobachtungen auf einem Feld und in einem Stall, und doch versuchen wir die Kinder mitzunehmen in das Beziehungsgeschehen, das damit zusammenhängt: aussäen, wachsen, ernten, mahlen, Brot backen, Sterne basteln, das Stroh im Stall für die Tiere bereiten und auch das Stroh zu fassen, das in die Krippe gelegt wird für das Jesuskind. Dort hat es seine eigene Bedeutung, die mehr ist als nur der natürliche Vorgang von Aussaat und Ernte. Denn Stroh erzählt von beidem, von der Armut, dem Gebrochensein, von dem, was nur noch übrig bleibt, und es erinnert uns auch an den Reichtum, den es einmal getragen hat.
Durch die Erschließung der Fülle an Natur- und Lebensbezügen und in der Verknüpfung mit dem Heilsgeschehen – der Geburt Jesu Christi – wird das gedroschene Stroh zu einem Symbol, das Leben und Glauben neu erschließt,

das zu dem Einen hinführt, der so Mensch geworden ist und uns genau so nahe sein will. Jesus kommt zu uns in Armut – nicht in einem Haus der Mächtigen und Reichen, wo kein Platz ist, er wird geboren in einem Stall, auf Heu und Stroh gebettet, draußen – und wird doch unser ganzer Reichtum sein. „Denn ihr wisst, was Jesus Christus, unser Herr, in seiner Liebe getan hat: Er, der reich war, wurde euretwegen arm, um euch durch seine Armut reich zu machen." (2 Kor 8,9)

Die braune Erde

▶ Wir breiten in der Mitte vier braune Tücher aus. Es gibt zwar auch große braune Runddecken, doch das Ausbreiten der Tücher hat immer noch eine besondere pädagogische Kraft. Es verbindet die Kinder, die es ausbreiten, nimmt die Zuschauenden mit auf den Weg, wie auf eine kleine Entdeckungsreise, lässt verborgen Bilder und Erwartungen wachsen oder gibt Zeit, um die Enttäuschung „Kenn ich schon" ausklingen zu lassen. Vor allem entsteht deutlicher das Bild eines Ackers oder Feldes.

Zwei Kinder breiten ein Tuch aus

Die braunen Tücher führen uns hinaus und erinnern uns an die Erde, wie sie jetzt draußen braun da liegt, wie ein Feld, das abgeerntet ist.
Wir stellen unsere Füße auf den Boden. Wir spüren den Boden. Wir wissen, die Erde trägt uns. Sie fragt nicht, wie wir heißen. Sie trägt uns, sie trägt die vielen Menschen, die auf ihr leben. Wir sehen nur ein kleines Feld vor uns. Doch die Erde ist groß und weit und rund. Wir verbinden uns.

▶ Wir singen den folgenden Ruf:

Text und Melodie:
Franz Kett

Wir rei-chen uns die Hän - de. Wir wer-den still und leis.

So rund wie uns - re Er - de, so rund ist un - ser Kreis.

Das Stroh entdecken

▶ Die Leiterin trägt ein Bündel Stroh – fest in ein braunes Tuch gehüllt – in die Mitte auf die braune Erde.

Wir wollen entdecken, was darin ist.

▶ Mehrere Kinder können nacheinander auf das Tuch fassen, es drücken.

Kind drückt auf das eingeschlagene Strohbündel

Wir hören ein Geräusch.

Wir decken langsam das braune Tuch auf – vier Kinder können es nacheinander tun.
Stroh liegt auf der braunen Erde.
Wir können ins Stroh fassen, es rascheln und knistern lassen.
Wir schließen die Augen und hören nur das Geräusch, wenn jemand hineinfasst.

Wohin führt uns das Stroh? Woran können wir denken?

▶ Wir erzählen einander mit den Händen vom Stroh, woran wir denken, was mit dem Stroh zusammenhängt.

▶ Jeweils ein Kind kann etwas vormachen, alle ahmen es nach, machen es mit und lassen sich von ihm zu einer Erfahrung und Erinnerung führen. Auch das ist ein wesentliches Element der Versammlung und Kreisbildung über diese Art der Mitteilung und Führung.

▶ Dieses Spiel bedarf einer behutsamen Führung, wenn die Kinder nicht mehr viele Zusammenhänge kennen. Es kann für manche Kinder wie Neuland sein, das sie nur von fern aus dem Fernsehen kennen ohne handgreifliche Nähe.

▶ Bewegungen werden gemacht: säen, ein Halm wächst und reift, mit dem Mähdrescher ernten, das Korn mahlen, Teig kneten, das Brot in den Ofen schieben, es teilen, das Glitzern der Sterne, Mäuse, die huschen, u.a.

▶ Wir verinnern das Spiel. Alle schließen die Augen und schauen (träumen) noch einmal vom Feld, von den prallen Ähren, von Sonne und Regen, vom Stroh im Stall, vom Brot, von den Tieren, vom Glitzern der Sterne u.a.

Gestaltung der inneren Bilder

▶ Die Kinder werden angeregt, ihre Eindrücke rundherum auf die braune Erde zu gestalten.

▶ Die Leiterin selbst gestaltet einen kleinen Stall oder eine Höhle mit einem braunen Tuch, was später eine Bedeutung bekommen soll.

▶ Die Leiterin singt das nachfolgende Lied vor. Sie zeigt der Strophe entsprechend eine volle Ähre und legt sie neben ihren Stall, eine gedroschene Ähre mit dem geknickten Halm und legt ihn dazu, nimmt etwas Stroh aus der Mitte und legt es in ihren Stall, zeigt einen kleinen Strohstern und legt ihn ebenfalls dorthin.

Der Halm trägt die Frucht

Text: Burgi Mitterreiter
Melodie: Franz Mitterreiter

Glockensp.

Refrain (nach Belieben einfügen)

Stroh, gold'nes Stroh, viel hast du zu sa-gen. Stroh, gold'nes Stroh, er-

Gl.

zäh-le uns von dir.

1) Aus dem klei-nen Korn wach-se ich em-por, trag in mei-ner Kro-ne neu-es Le-ben.

2) Sonne, Wind und Regen geben mir die Kraft:
lassen jeden Halm werden fest und groß.

3) Auf dem weiten Feld stehe ich bereit,
bis der Bauer kommt, um zu ernten.

4) Alle meine Körner gebe ich dann her,
Mehl soll daraus werden für das Brot.

5) Leer und ausgedroschen liege ich nun da,
werde bald geholt in die Scheune.

6) Schaf und Kuh und Schwein freuen sich im Stall
auf ein frisches Lager ganz aus Stroh.

7) Einmal werd' ich liegen in einer Krippe,
möcht ein weiches Bett für den Heiland sein.

8) Viele, viele Sterne werden dann aus mir,
künden von der Freude: Weihnacht ist da!

Das Stroh führt uns zum Stall nach Bethlehem

Wir sehen das Stroh und denken an das, was auf der Erde gewachsen und gereift ist, die gelben leuchtenden Felder.
Wir sehen hier das gedroschene Stroh.

❭ Die Leiterin zeigt einen leeren Halm mit der gedroschenen Ähre.

Da sind keine Körner darin, er ist platt gedrückt, leer. Wozu soll der noch gut sein? Wozu soll das Stroh noch dienen?
Das leere Stroh kommt in den Stall. Es führt uns in dieser Adventszeit in einen besonderen Stall.

Maria und Josef sind auf dem Weg nach Bethlehem. Maria trägt das Jesuskind in ihrem Schoß. Bald soll es geboren werden. Sie klopfen an alle Türen und finden doch kein Quartier, kein Zimmer und kein Bett in Bethlehem. Es ist kein Platz in der Herberge. Sie müssen hinaus, vor die Stadt, in einen Stall. Dort können sie bleiben.

❭ Eine kleine Kerze wird entzündet und zum Stall gestellt.

Im Stall liegt das Stroh in der Futterkrippe. Hier soll das Jesuskind geboren werden.
Wir warten mit Maria. Bald ist die Zeit erfüllt, bald wird das Jesuskind geboren und zu uns kommen.

Gebet

❭ Wir öffnen unsere Hände wie eine Krippe.

Jesus, ich warte auf dich.
Ich bereite mein Herz wie meine Hände,
offen und leer.
Komm und wohne bei mir.
Wenn du da bist, bin ich reich.
Du machst mich froh.

Gestaltung

❭ Jeder kann rund um die Erde einen kleinen Stall gestalten.

Der Stall ist bereit für Jesus

 ## Material

vier braune Tücher, Bündel Stroh in ein braunes Tuch eingeschlagen, Zeichen:
eine volle Ähre, eine gedroschene Ähre bzw. ein geknickter Halm, kleiner Strohstern,
kleine Kerze

Text und Melodie:
Klaus Gräske

Drescht das Stroh im-mer-zu. Halm ist schwer. Ist kein Le-ben mehr.

Drescht nur zu, im - mer - zu, bis das Stroh ge - dro-schen ist.

Dann ist Ruh! Dann ist Ruh!

Schluss: einstimmig oder als Kanon

Mit - ten in der Nacht, Le - ben lacht! Mit - ten in der

kal - ten Nacht, Le - ben lacht!

Die Nikolausstiefel

Hinführende Gedanken und Anschauung

Text: P. Meinulf Blechschmidt

Vorbereitung

▸ Die Kinder sitzen im Kreis. Ein festlicher Bischofsstuhl, mit einem Samttuch bedeckt, ist im Kreis vorbereitet.

▸ Wir singen, hören ein Lied, um den Bischof Nikolaus zu begrüßen.

Text: Burgi Mitterreiter
Melodie: Franz Mitterreiter

1) Wir grü-ßen dich, du heil-ger Mann, Bi-schof Ni-ko - laus. Wir
freun uns, dass du bei uns bist. Will- kom-men hier im Haus!

2) Du siehst mit deinem Herzen gut, wo Armut ist und Not,
und allen Menschen hilfst du gern, schenkst Liebe, Hoffnung, Brot.

3) So bitten wir dich, Nikolaus: Sei du heut unser Gast.
Wir lieben dich und hören gern, was du zu sagen hast.

4) Wir wollen gut sein, so wie du, du großer Gottesmann,
damit in unser aller Herz das Christkind kommen kann.

5) (bevor sich der Nikolaus verabschiedet)
Bevor du wieder weiterziehst, bedanken wir uns schön
und sagen bis zum nächsten Jahr: Nikolaus, auf Wiedersehn!

Rechte bei den Autoren (Wiesenweg 18, D-83368 St. Georgen)

- Bischof Nikolaus kommt und begrüßt die Kinder mit einem Gedicht.
- Er setzt sich und erzählt. Je nach Zeit und Wetter gestaltet er die Einleitung, z.B.

Ihr denkt, ich komme zu früh? Es liegt ja noch kein Schnee, wie soll da der Schlitten rutschen?
Ja, ihr habt Recht. Wenn wir hinausgehen, ist die Erde noch schön zu sehen, braun und still.

- Eine braune Runddecke oder ein kleineres braunes Tuch wird in die Mitte gelegt.

Da liegt sie, die braune Erde. Sie ist abgeerntet, keine Blume ist mehr zu sehen, die Felder sind kahl.
Doch ich habe euch noch etwas mitgebracht.

- Bischof Nikolaus holt aus dem Sack das in ein braunes Tuch gewickelte Stroh. Er legt es in die Mitte. Die Kinder decken es auf. Nikolaus zeigt es ihnen:

Stroh habe ich euch mitgebracht. Es ist von der Ernte noch übrig geblieben.
Seht, wie die Halme gebrochen sind. Sie sind gedroschen, geknickt, alle Körner herausgeschlagen, leer sind sie. Das Stroh ist noch gut genug für die Tiere.

- Bischof Nikolaus holt aus dem Sack einen Esel, den er zum Stroh stellt.

Ein Esel in einem Stall.

In der Leere die Fülle finden

Erzählung

Ihr denkt, es gibt keinen Schnee, ihr sagt, ach, nur so wenig Schnee! Ich habe viel Schnee auf meinen Reisen erlebt. Da ging es mir manchmal sehr schlecht. Ein Esel war damals sehr wichtig. Ich will euch davon erzählen.
Ich war unterwegs in den anatolischen Bergen, das ist weit weg. Und es lag dort viel Schnee.

Annegret Fuchshuber, Die Nikolausstiefel © Verlag Ernst Kaufmann, Lahr; (Erzählung leicht verändert, sodass Bischof Nikolaus von sich erzählt.)

In einem kleinen Dorf in jener Gegend lebte ein Junge, Afrem hieß er, mit seinem Esel.

Dieser Esel war alles, was Afrem hatte: sein Besitz und seine Familie.

Der Stall des Esels war sein Haus, das Stroh sein Bett – und das war nicht wenig.

Denn Afrems Dorf war ein bitter armes Dorf.

Zusammen mit seinem Esel konnte Afrem viele Arbeiten tun.

Sie holten Reisig aus den Bergen, schafften Obst und Gemüse auf den Markt und machten Botengänge.

Als Lohn bekam Afrem abends einen Teller warmes Essen oder ein Stück Brot mit Olivenöl.

Viel konnte keiner abgeben.

Der Esel suchte sich sein Futter selbst, trockenes Gras am Wegrand oder ein paar Disteln.

Im Sommer war das ein gutes Leben.

Aber der Winter war schlimm.

Der kleine Stall, in dem die beiden hausten, war kalt, und Afrem hatte nichts Warmes anzuziehen, nicht einmal feste Schuhe. Er umwickelte seine Füße mit Stroh und Lumpen, aber das half kaum gegen Eis und Schnee.

Auch die Leute im Dorf litten im Winter unter der Kälte und dem Hunger.

Auf den verschneiten Feldern gab es nichts zu ernten, und die Vorräte waren immer knapp.

Oft genug hatten die Menschen nur eine Hoffnung: Bischof Nikolaus in der fernen Stadt Myra.

Sie wussten, in der größten Not kam ich den Armen zu Hilfe.

Es kam ein Winter, der war schlimmer und kälter als alle Winter, an die sich die alten Leute im Dorf erinnern konnten.

Tiefer Schnee bedeckte Häuser und Felder und erstickte alles Leben.

Und eines Tages, kam eine schlimme Nachricht aus Myra:

Bischof Nikolaus war von einer Reise in die Bergdörfer nicht zurückgekehrt.

Angst senkte sich über das Dorf.

Wer von den großen Herren in der Stadt würde jetzt an die Armen denken, denen der Winter so hart zusetzte?

Eines Abends kam Afrem von einem Botengang aus den Bergen zurück.

Er war froh, dass sein Esel keine Last zu tragen hatte - so konnte er sich auf den Rücken setzen und die nackten Füße in das struppige Winterfell schieben.

Und wie er so dahinritt, da sah er, dort unten, wo der Weg eine Biegung machte, bei der alten Kiefer, an der Böschung eine zusammengesunkene Gestalt.

Ein alter Mann hockte da, in einen weiten Mantel gehüllt, die Kapuze tief ins Gesicht gezogen.

Man sah gerade noch die Nase und den weißen Bart und eine Hand, die sich nach Afrem ausstreckte.

„Hilf mir!", bat er, „ich kann nicht mehr."

Afrem hielt den Esel an.

„Räuber haben uns überfallen. Ich bin ihnen nur mit Mühe entkommen. Aber nun kann ich nicht weiter. Bring mich in dein Dorf."

Afrem zögerte.

Dann stieg er seufzend vom Esel.

Mit tausend eisigen Nadeln stach der Schnee in seine Füße.

Afrem biss die Zähne zusammen.

Er half dem alten Mann auf den Esel. Zu dritt zogen sie zum Dorf.

Zum Glück war es nicht mehr weit.

Beim Dorfvorsteher pochte Afrem ans Tor.

„Wer ist da?", rief jemand innen.

Ehe Afrem etwas sagen konnte, rief der alte Mann: „Bischof Nikolaus".

Da wurde es drinnen lebendig! Das Tor wurde aufgerissen, Menschen eilten heraus, halfen dem Alten vom Esel herunter, lachten, fragten, riefen durcheinander, zogen ihn schließlich ins Haus herein.

Da war es warm und hell, und es duftete nach Essen.

Dann – fiel das Tor zu, und Afrem stand mit seinem Esel in der kalten Nacht, allein.

Er stieg wieder auf und ritt ans andere Ende des Dorfes, wo der Stall stand.

Dort legte er sich schläfrig und frierend zu seinem Esel ins Stroh und schob die eiskalten Füße ganz tief unter den warmen Bauch des Tieres.

So schliefen sie endlich ein.

Frühmorgens weckte ein lautes Klopfen an der Tür Afrem aus tiefem Schlaf.

Er mochte nicht aufstehen. „Es ist offen", rief er.

Nichts rührte sich draußen.

Schlaftrunken tappte er zur Tür und stieß sie auf.

Niemand war zu sehen. Am Himmel funkelten noch die letzten Sterne.

Alles war still.

Doch da: Auf der Schwelle stand ein Paar Stiefel aus festem Leder.

Die Fülle kommt auf leisen Sohlen

❯ Die Stiefel werden aufgedeckt und zur Mitte, zum Stroh gestellt.

Sie waren innen mit weichem Lammfell gefüttert, sie waren bis oben hin gefüllt mit Äpfeln, Orangen, Lebkuchen, Feigen, Nüssen und anderen köstlichen Dingen.
Als Afrem sie ausleerte, fand sich ganz unten in dem Stiefel noch eine große Goldmünze.
Darauf war das Bild eines Bischofs geprägt, der sah dem alten Mann von gestern sehr ähnlich.
„Bischof Nikolaus", flüsterte Afrem.
Dann probierte er die Stiefel, und sie passten wie angegossen und waren warm und weich.

Was soll ich euch noch erzählen?
Vielleicht, dass Afrem fortan von der Goldmünze glücklich und zufrieden leben konnte und nie mehr hungern musste?
Und dass die Stiefel ihm nie zu klein wurden, obwohl seine Füße doch noch tüchtig wuchsen, so wie der ganze Afrem?
Und soll ich noch sagen, dass jedes Jahr am Namenstag des Bischofs Nikolaus die Schuhe bis oben hin mit den feinsten Dingen gefüllt waren – über Nacht, wie von Zauberhand?
Tatsache ist jedenfalls, dass seither Kinder in aller Welt am Vorabend von St. Nikolaus ihre Schuhe vor die Tür stellen. Und am Morgen sind sie wohl gefüllt.
Jetzt wisst ihr, warum.

Nun habe ich euch noch etwas mitgebracht, damit wir miteinander teilen können.

❯ Bischof Nikolaus verteilt die Lebkuchen, die die Kinder zu zweit miteinander teilen und essen. Er verteilt auch die Säckchen oder kleine Stiefel, die für jedes Kind vorbereitet sind.

Adventliche Zeichen

▌ Bischof Nikolaus bringt noch adventliche Zeichen in den Kreis der Kinder

Tannenzweig

▌ Bischof Nikolaus gibt einem Kind den Tannenzweig.

Der Tannenzweig soll Zeichen sein,
dass auch in kalter Zeit
die Hoffnung grünt, weil Jesus kommt,
er wendet Not und Leid. (Franz Kett)

▌ Das Kind trägt ihn einmal im Kreis und legt ihn auf das braune Tuch zum
   Stroh. Wir singen den folgenden Ruf:

Bald ist Jesu Geburtstagsfest, kommt und singt und freut euch mit.

Brennende Kerze

▌ Ein Kind trägt die Kerze im Kreis und stellt sie auf das braune Tuch.

Das Kerzenlicht, das zündet an,
lasst leuchten seinen Schein.
Ein Licht auf unsrem dunklen Weg
will Jesus für uns sein. (Franz Kett)

▌ Wir singen den Ruf „Bald ist Jesu Geburtstagsfest".

Text und Melodie:
Franz Kett

V/A: Bald ist Je-su Ge - burts-tags-fest, kommt und singt und freut euch mit!

Strohstern

▶ Bischof Nikolaus trägt den Stern, an einem Faden hängend, behutsam zu einem Kind, das ihn ebenso weiterträgt und beim Stall ablegt. Der Stern sollte, wenn möglich, „wandern".

Und dieser Stern, aus Stroh gemacht,
erinnert euch daran,
dass Jesus kam in unsre Welt,
in einen Stall, ganz arm. (Franz Kett)

▶ Wir singen den Ruf „Bald ist Jesu Geburtstagsfest".

Krippenfiguren Maria und Josef

▶ Zwei Kinder tragen Maria und Josef im Kreis und stellen sie dann zum Stroh.

Und dann zwei Menschen, Mann und Frau,
ein Kind noch ungeborn, sind unterwegs –
zu einem Stall,
lasst sie nicht gehn verlorn.
Macht ihnen Tür und Herzen auf!
Baut ihnen einen Stall,
baut ihn nicht nur als Krippe auf,
im Herzen baut ihn all! (Franz Kett)

▶ Ruf „Bald ist Jesu Geburtstagsfest"

▶ Wir singen und bewegen das Lied „Seht die gute Zeit ist nah", evtl. mit unseren Laternen (siehe S. 28).

Nikolaus verabschiedet sich

▶ ... mit einem Gedicht.

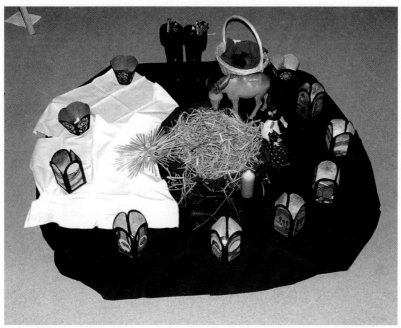

Bald ist Jesu Geburtstagsfest

Material

einen großen Sack vorbereiten, darin sind:
unten ein großer Esel, darauf Stroh in ein braunes Tuch gewickelt, zwei weiße
Tücher, oben darauf ein braunes Tuch oder eine braune Runddecke; ein Paar Stiefel, gefüllt mit Lebkuchen, Äpfeln, Orangen, Nüssen und unten einer Goldmünze,
stehen im Raum, noch verdeckt, in der Nähe des Bischofsstuhles; außerdem Teller
mit Lebkuchen zum Teilen; ein Korb, in dem die vier adventlichen Zeichen liegen:
Tannenzweig, Kerze und Streichhölzer, größerer Strohstern an einem Faden, Krip-
penfiguren Maria und Josef

Text: Burgi Mitterreiter
Melodie: Franz Mitterreiter

Gott wird neu be - gin - nen. Er ist treu. Er

hat dich nicht ver - ges - sen. Al - les wird neu.

1. Müh - sam ist der Weg; du gehst ihn Schritt für Schritt.
2. Tro - cken - heit, sie lähmt und hin - dert dei - nen Lauf.
3. Stür - me schüt - teln dich und for - dern fes - ten Stand.
4. Lich - ter, grell und bunt; ver - wir - ren, lo - cken dich.

Wer gibt die Kraft? Wer geht mit?
Wer stillt den Durst? Wer rich - tet auf?
Wer gibt dir Halt? Wer hält dei - ne Hand?
Wo ist dein Grund? Wer trägt dich?

Rechte bei den Autoren (Wiesenweg 18, D-83368 St. Georgen)

Ich bin dieser Tage umgezogen. Beim Ausräumen der Schränke entdeckte ich eine Flasche „Schwarzen Ropohl", von Werner selbst hergestellt, ein (hundert) prozentiger Genuss! Bedacht wurde ich von ihm die Jahre über auch mit eingekochtem Apfelmus und Heidelbeeren. Ein besonderes Geschenk waren seine eingeweckten Pfifferlinge. Einmal trafen wir uns zu einem Kurs, und Werner brachte eine Flasche gut gekühlten Weißwein mit. Der darf nicht warm werden, sagte er, und tatsächlich leerten wir den Liter bevor er warm werden konnte ...

Das war Werner Ropohl. Ich vermisse seine Wohltaten und sein fröhliches „Pfüa di" am Schluss unserer Telefonate. So wie ich werden ihn viele Menschen vermissen. Werner war ein besonderer Mensch und Priester.

Er ist 1928 in Krefeld zur Welt gekommen. Von Januar 1944 bis April 1945 wurde er zum Kriegsdienst herangezogen. Danach war er in der Landwirtschaft tätig und machte seine Gehilfenprüfung. Mit einem Freund arbeitete er dann bis 1954 als selbständiger Landwirt. Werner verspürte die Berufung zum Priester, machte 1957 sein Abitur und schloss 1962 sein Theologiestudium bei den Jesuiten in Frankfurt ab. 1963 empfing er die Priesterweihe im Dom zu Hildesheim. Danach war er Seelsorger, gründete und organisierte ab 1965 die Pfarrgemeinde St. Elisabeth in Salzgitter-Lebenstedt. 2008 musste Werner miterleben, wie seine, von ihm aufopferungsvoll geplante und gebaute Kirche profaniert wurde. Ich glaube, dass das schon ein Stück Sterben für ihn war.

Werner Ropohl lebte und liebte den „ganzheitlichen Weg", wie er die RPP nannte. „Die Begegnung mit Herrn Franz Kett, mit Schwester Esther Kaufmann und Pater Meinulf Blechschmidt (...) hat meinen eigenen priesterlichen Dienst nachhaltig geprägt. Ich habe für mich persönlich einen Weg ‚entdeckt', auf dem ich Glauben verkünden und leben kann", so schrieb er einmal.

Werner ist drei Tage vor dem Allerheiligenfest gestorben. Er ist Zuhause angekommen, er hat die Wohnung gefunden, die für ihn bereitet wurde. Er ist bei Jesus, den er ein Leben lang verkündete.

Ich freue mich auf ein Wiedersehen, leb wohl Werner, pfüa di!

Thomas Brunnhuber, im Namen der Verlagsleitung und der Redaktion

MitarbeiterInnen dieser Ausgabe:

Schwester Esther Kaufmann, Spabrücken, verantwortlich für die „Schwestern vom Gemeinsamen Leben", entwickelte den religionspädagogischen Weg der RPP in Zusammenarbeit mit Franz Kett, tätig in der Kinderpastoral und Sakramentenkatechese, in der Begleitung von pastoralen Gruppen in den Pfarreien

Pater Dr. Meinulf Blechschmidt, Spabrücken, Pfarrer einer Seelsorgeeinheit, engagiert in der Sakramentenkatechese für Kinder und Jugendliche, Erwachsenenkatechese, Exerzitienbegleitung

Titelbild und Bild S. 41:
Christel Holl, Rastatt, künstlerische Autodidaktin, Weiterbildungen u.a. bei Noel Dyrenforth (London), Mitglied des Künstlerkreises „Steinbach-Ensemble" und im Kunstverein Baden-Baden

Fotos:
Pater Dr. Meinulf Blechschmidt, Spabrücken, S. 9, 12, 13, 14, 28, 30, 31, 33, 34, 35, 39, 43, 47, 50, 53, 56, 59

Zeichnungen:
Monika Molnar, Karlsfeld

Notensatz:
Johannes Kindl, Landshut, RPA-Verlag

Schriftsatz:
Thomas Brunnhuber

Die **BILDERMAPPE** zu diesem Heft enthält acht Bilder von Frau **Christel Holl** mit Texten von **Schwester Esther Kaufmann**.

Und das sind die Arbeitstitel der Hefte für das neue Jahr 2011:

1. Ausgabe: Verlorenes wiederfinden (Schaf, Zachäus, Drachme, Sohn, etc.)
2. Ausgabe: Wir danken für die Ernte (Anschauungen)
3. Ausgabe: Mit Rut auf dem Lebensweg (Gegen-Teile anschauen)
4. Ausgabe: Alttestamentliche Texte gestalten (z.B. Arche Noah, Jesaja)

Kurse und Fortbildungen

Kurse auf dem Weg der „Religionspädagogischen Praxis" – RPP

Kloster Spabrücken – Anmeldung:

an:	Kloster Spabrücken, Klosterstr. 7, 55595 Spabrücken
	Fax: 0 67 06 / 96 00 99, Mail: esther@kloster-spabruecken.de
bitte schriftlich:	mit Namen, Adresse, Telefon, Beruf, Alter
weitere Infos:	www.kloster-spabruecken.de
Referenten:	Sr. Esther Kaufmann, P. Meinulf Blechschmidt

Besinnungstage

Thema:	Zum Jahresbeginn: Gott, du führst mich meinen Weg. (Kurs Nr. 211)
Termin:	12. Januar 2011 (10 Uhr bis 17 Uhr)
Kosten:	40,– € (inkl. Mittagessen und Kaffee)

Thema:	Ich stehe vor dir mit leeren Händen. (Kurs Nr. 217)
	Fastenzeit: leer werden, leer sein. Wie sonst soll ich das neue Leben von Gott aufnehmen?
Termin:	24. März 2011 (10 Uhr bis 17 Uhr)
Kosten:	40,– € (inkl. Mittagessen und Kaffee)

Seminare

Thema:	Den Glauben an junge Christen weitergeben (Kurs Nr. 215)
	Hilfen für einen Firmkurs oder Glaubensstunden
Termin:	9. (15 Uhr) bis 11. Februar (13 Uhr) 2011
Kosten:	180,– € (inkl. Übernachtung und Verpflegung)

Thema:	Versöhnung leben - Biblisches Seminar (Kurs Nr. 216)
	Wege zur Heilung. Zugänge für die Arbeit mit Kindern, Jugendlichen oder Erwachsenen zum Weg der Versöhnung und Heilung
Termin:	16. (15 Uhr) bis 18. März (13 Uhr) 2011
Kosten:	180,– € (inkl. Übernachtung und Verpflegung)

Aufbauschulung

Thema:	Jahrestreffen Multiplikatoren (Kurs Nr. 220 / 221 / 225)
Termine:	15. bis 18. Februar 2011 / 17. bis 20. Mai 2011 / 18. bis 21. Oktober 2011
	jeweils Beginn 15 Uhr und Ende 13 Uhr
Kosten:	280,– € (inkl. Kursgebühr, Verpflegung, Übernachtung)

Intervallkurs

Thema:	Das Evangelium verkünden. (Kurs Nr. 212 / 213 / 214)
	Einführung und Vertiefung des ganzheitlichen Weges.
	Jeder Nachmittag ist abgeschlossen, sie ergänzen sich aber.
Termine:	31. Januar 2011 / 7. Februar 2011 / 21. Februar 2011
	jeweils Beginn 14 Uhr und Ende 17.30 Uhr
Kosten:	jeweils 20,– € (inkl. Kaffee)

Exerzitien

Thema:	Schweige und höre, neige deines Herzens Ohr, suche den Frieden.
	(Kurs Nr. 219)
Termin:	16. (15 Uhr) bis 20. (10 Uhr) August 2011
Kosten:	300,– € (inkl. Kursgebühr, Verpflegung, Übernachtung)

Bayerwaldhaus RPA – Urlaub und Bildung

Herrlich gelegen im Bayerischen Wald, in der Nähe des Luftkurortes Waldmünchen. Eine Wohltat für Körper, Seele und Geist. Kontakt: 0 99 72 / 9 42 60, bayerwaldhaus@ rpa-verlag.de, www.bayerwaldhaus.eu

Institut für ganzheitlich sinnorientierte Pädagogik – RPP e. V.

Informationen und Hinweise zu Fortbildungsveranstaltungen finden Interessierte auf der Homepage www.igsp-rpp.net.
Die Mitgliederversammlung mit Fachtagung findet statt vom 21.–23. Januar 2011 in Freising. Thema: „Mensch sein – Mensch werden". Mit den Hauptreferenten der Fachtagung am Samstag: Dr. Gatzweiler, am Sonntag: Franz Kett
Infos und Anmeldung über die Geschäftsstelle IgsP-RPP,
Ludwig-Zeller-Str. 1, 83395 Freilassing

Arbeitsmaterialien

Ergänzend zu diesem Heft erscheinen

Bildermappe:
„Den Weg bereiten"
8 Bilder und Meditationstexte   € 6,80

Handbild:
Titelbild des Heftes
(14,5 x 14 cm)   € –,30

Grußkartenset „Den Weg bereiten"
(ab Dezember 2010 erhältlich)   **NEU**

8 Doppelkarten mit Bildern und Texten aus der aktuellen Bildermappe (inkl. Couverts)

Bestens geeignet als Weihnachtsgeschenk für Mitarbeiter und allen, denen man eine Freude bereiten möchte.   € 9,80

Weiteres Material zum Thema

4/1979 „Empfangen – Schenken"
4/1983 „Adventliche Zeichen"
3/1991 „Ehre sei Gott in der Höhe"
4/2000 „Mitten in der Nacht ist ein Stern erwacht"
3/2006 „Der Heiland wird geboren"

Weihnachtsgeschenke

Leporello
„Ein Kind wird uns geboren"
9 Bilder mit Text
als Zickzackheftchen

Ergänzend zu Heft, Advents-kalender, Handbild RPP 3/87 erschienen. Hervorragend geeignet als Weihnachtsgeschenk im Kin-dergarten, in Grund-, Sonderschule und in der Pfarrgemeinde (für Krippenfeiern).

Plüschschäfchen
ca. 9 cm
flauschiges, standsicheres Schäfchen, gut einsetzbar bei Krippenfeiern, Krippen-landschaft und -weg

Geschenktipp

Malon   **NEU**
– 11 Overheadfolien
  in Größe DIN A4
– Büchlein
erschienen zum Bilder-buch: Wie die Sonne in das Land Malon kam

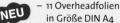

Wir machen Urlaub vom 24.12. bis einschließlich 3.1.2011. Ab 4.1.2011 sind wir wieder für Sie da.

Coupon Bitte kopieren und faxen: 0871/739 96

__ Bildermappe 2010/4	Best.-Nr. 9523	€ 6,80
__ Handbild 2010/4	Best.-Nr. 1141	€ –,30
__ Grußkartenset „Bereitet den Weg"	Best.-Nr. 8019	€ 9,80
__ Heft RPP 1979/4	Best.-Nr. 9206	€ 4,–
__ Bildermappe 1979/4	Best.-Nr. 9407	€ 5,–
__ Handbild 1979/4	Best.-Nr. 1017	€ –,15
__ Heft RPP 1983/4	Best.-Nr. 9221	€ 4,–
__ Bildermappe 1983/4	Best.-Nr. 9422	€ 5,–
__ Handbild 1983/4	Best.-Nr. 1033	€ –,15
__ Heft RPP 1991/3	Best.-Nr. 9252	€ 4,–
__ Bildermappe 1991/3	Best.-Nr. 9449	€ 5,–
__ Handbild 1991/3	Best.-Nr. 1064	€ –,15
__ Heft RPP 2000/4	Best.-Nr. 9289	€ 4,–
__ Bildermappe 2000/4	Best.-Nr. 9483	€ 5,–
__ Handbild 2000/4	Best.-Nr. 1101	€ –,15
__ Heft RPP 2006/3	Best.-Nr. 9312	€ 4,–

__ Bildermappe 2006/3	Best.-Nr. 9506	€ 6,80
__ Handbild 2006/3	Best.-Nr. 1124	€ –,30
__ Leporello „Ein Kind ..."	Best.-Nr. 9898	€ –,90
__ Plüschschäfchen 9 cm	Best.-Nr. 5085	€ 2,10
__ Foliensatz „Malon"	Best.-Nr. 3008	€12,50
__ Büchlein „Malon"	Best.-Nr. 3040	€ 3,90

Adresse

Name, Vorname

Straße, Hsnr.

PLZ, Ort

Telefon

E-Mail

RPA-Verlag GmbH, Gaußstraße 8, 84030 Landshut

www.rpa-verlag.de

Religionspädagogische Praxis – die Praxis-Fachzeitschrift für eine ganzheitliche Glaubensverkündigung bietet ErzieherInnen, LehrerInnen und MitarbeiterInnen in der Gemeindepastoral vielfältige Anregungen für die religionspädagogische Arbeit mit Kindern – vielfach erprobt, praxisnah und sofort umsetzbar.

Religionspädagogische Praxis, das sind Jahr für Jahr mehr als 250 Seiten mit pädagogischen Beiträgen, Eutonie- und Rhythmikübungen, Rollen- und Identifikationsspielen, Tänzen, Liedern, Gedichten, Begriffs- und Assoziationsübungen, Betrachtungen, Anschauungen von Dingen, Erzählvorschlägen für Märchen, kindgerechten Texten von biblischen Heilserzählungen, meditativen Texten und vielem mehr.

》 Komplettiert wird die Religionspädagogische Praxis durch 4 Bildermappen mit insgesamt mehr als 30 Farbbildern im Format DIN A4 in kreativ künstlerischer Ausführung und 4 Handbildern mit den Titelmotiven der Zeitschrift.

RPA-Verlag
Religionspädagogische Arbeitshilfen GmbH
Gaußstraße 8
84030 Landshut
Telefon (0871) 7 32 37
Fax (0871) 7 39 96
E-Mail: info@rpa-verlag.de

ISBN 978-3-86141-222-9